都道府県の かたち を絵でおぼえる本

造事務所編

実務教育出版

クイズ！ 47都道府県の形を見てみよう！

動物、人、物など、47都道府県はさまざまな形に見えます。
どんな絵になっているか、見てみましょう。

1 忍者がいるよ。どこにいるか探して指をさしてみよう。

2 インコ・ウサギ・シカの中で地図にいない動物は？

3 バナナ・イチゴ・ナシの中で地図にある果物は？

地図から探してね
※答えは下にあるよ

答え ① 大阪府 (おおさかふ) ② ウサギ ③ バナナ

都道府県のかたちを絵でおぼえる本

もくじ

クイズ！
47都道府県の形を見てみよう！ …… 2

8つの地方を覚えよう！ …… 4

この本の使い方 …… 6

① 北海道 …… 8
② 青森県 …… 10
③ 岩手県 …… 12
④ 宮城県 …… 14
⑤ 秋田県 …… 16
⑥ 山形県 …… 18
⑦ 福島県 …… 20
⑧ 茨城県 …… 22
⑨ 栃木県 …… 24
⑩ 群馬県 …… 26
⑪ 埼玉県 …… 28
⑫ 千葉県 …… 30
⑬ 東京都 …… 32
⑭ 神奈川県 …… 34

⑮ 新潟県 …… 36
⑯ 富山県 …… 38
⑰ 石川県 …… 40
⑱ 福井県 …… 42
⑲ 山梨県 …… 44
⑳ 長野県 …… 46
㉑ 岐阜県 …… 48
㉒ 静岡県 …… 50
㉓ 愛知県 …… 52
㉔ 三重県 …… 54
㉕ 滋賀県 …… 56
㉖ 京都府 …… 58
㉗ 大阪府 …… 60
㉘ 兵庫県 …… 62
㉙ 奈良県 …… 64
㉚ 和歌山県 …… 66
㉛ 鳥取県 …… 68
㉜ 島根県 …… 70
㉝ 岡山県 …… 72

㉞ 広島県 …… 74
㉟ 山口県 …… 76
㊱ 徳島県 …… 78
㊲ 香川県 …… 80
㊳ 愛媛県 …… 82
㊴ 高知県 …… 84
㊵ 福岡県 …… 86
㊶ 佐賀県 …… 88
㊷ 長崎県 …… 90
㊸ 熊本県 …… 92
㊹ 大分県 …… 94
㊺ 宮崎県 …… 96
㊻ 鹿児島県 …… 98
㊼ 沖縄県 …… 100

ふろく
・日本のおもな山地・山脈・海流 …… 102
・日本のおもな川・平野
・日本のおもな工業地帯・工業地域 …… 103
・日本の端にある島の名称・位置

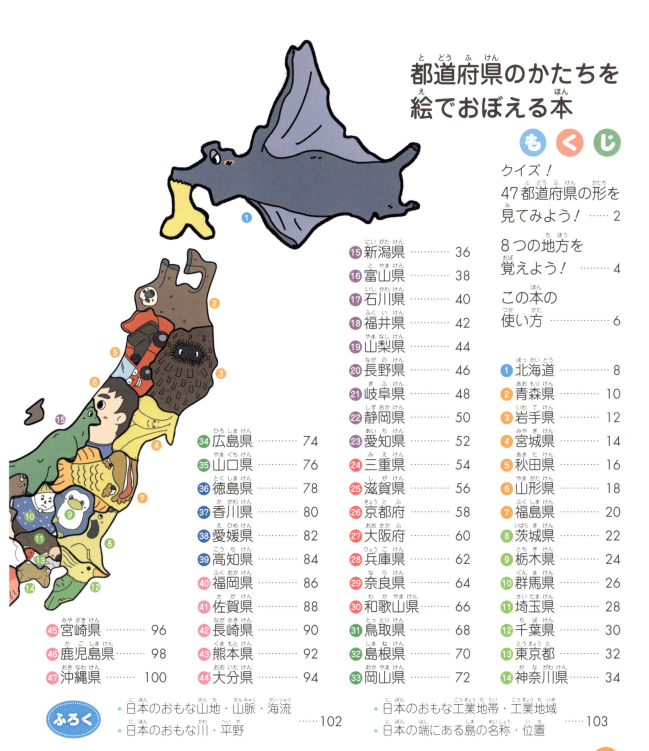

8つの地方を覚えよう！

日本は8つの地方に分けられています。北から順番に、「北海道」「東北」「関東」「中部」「近畿」「中国」「四国」「九州・沖縄」です。

1都1道2府43県の、計47の都道府県からなる日本は、さらに8つの地方にグループ分けすることができます。

たとえばもっとも北にある北海道と、南にある沖縄県では、気候がまったく異なるため、育つ農作物もちがいます。

それでは、8つの地方の特徴を見ていきましょう。

8つの地方の形と特徴

北海道地方

日本の最北に位置します。

気候は「冷帯」で、気温がとても低い地域です。

太平洋、日本海、オホーツク海という、3つの海に囲まれています。

東北地方

「日本の米ぐら（穀倉地帯）」とよばれ、米づくりがさかんです。

冬には雪がたくさん降る地方です。

関東地方

東京都には1000万人以上が住み、関東地方では、日本の人口の約3割の人が暮らしています。

中部地方

日本のちょうど真ん中あたりに位置しています。
日本海側を北陸地方、太平洋側を東海地方と、さらに分けてよぶこともあります。

近畿地方

京都府や奈良県は、歴史上重要な地域です。歴史ある建物が多く残っています。

中国地方

日本海側を山陰地方、瀬戸内海側を山陽地方ともよびます。
山陰地方は、冬は雪が降ることも多いです。山陽地方は年間を通して降水量の少ない地域です。

四国地方

本州とは、瀬戸大橋などでつながっています。
冬は温暖で、1年を通して雨の少ない地域です。

九州・沖縄地方

現在の韓国や中国と近く、日本の玄関口として、古くから外国との交流がさかんでした。
桜島や阿蘇山などの火山があり、火山灰が積もったシラス台地での農業が特徴です。

この本の使い方

この本を使うと、都道府県の形や、都道府県ごとの特徴などを覚えることができます。どこに何が書いてあるのか、説明します。

都道府県名
都道府県の名前です。

都道府県庁所在地
都庁、道庁、府庁、県庁が置かれている場所です。

都道府県の形
都道府県がどんな形に見えるか、絵と文字で紹介します。

回転した形を覚えよう
どの角度から見ても形がわかるように、都道府県の形を90度、180度、270度回転させています。都道府県庁所在地の位置も示しています。

ここにあるよ！
このページで紹介する都道府県が、日本のどこにあるかを示しています。

アイコンの意味

れきし
偉人、出来事など、歴史にまつわることを紹介します。

かんきょう
地形、気候など、環境にまつわることを紹介します。

さんぎょう
農林水産業、工業、名産など、産業にまつわることを紹介します。

ちゅうもく
伝統芸能や料理など、注目すべきことを紹介します。

公園となった徳島城の跡地

粟の生産地だったため、昔は阿波国とよばれていたそうです。
江戸時代に徳島藩となり、蜂須賀氏により徳島城が築かれます。明治時代に城が取りこわされ、戦時中の徳島大空襲によってほとんどの建物は焼失しました。
現在は徳島中央公園として残り、城の南東にあった鷲の門が復元されています。

ぐるぐる回る鳴門のうず潮

四国の東で、兵庫県の淡路島との間にある鳴門海峡は、潮の流れがぶつかりあってできる「うず潮」で有名です。
山から流れている吉野川には、大歩危・小歩危といううめずらしい名前の渓谷があります。

▲鳴門海峡のうず潮

都道府県についての解説
都道府県の特徴を説明します。その中でも、とくに重要な文章には黄色のマーカーが引かれています。

つくった果物はかんづめにして出荷

気候が温暖なため果物の栽培がさかんで、スダチの生産量は日本一です。つくった果物はかんづめにすることが多く、果実のかんづめの出荷額でも日本一となっています。
携帯電話やパソコンに使われるLEDライトをつくる会社が多く、その生産量は世界一です。

最大の名物阿波おどり

藍を染料として用いる染物「藍染め」などの文化の残る徳島県ですが、最大の名物といえば阿波おどりです。
8月の開催時期には100万人以上の人が訪れます。

約400年の歴史があるよ

先生
みなさんに都道府県について教えてくれる先生です。いろんな衣装に着がえて登場します。

四国地方

学校では教えてくれないマメ知識
徳島県にはJR四国による路線がありますが、じつは電車は1台も走っていません。徳島県の線路を走るのはすべてディーゼル気動車なので、電車ではなく列車とよんでいるのです。

学校では教えてくれないマメ知識
都道府県の、おもしろい話や、めずらしい話を紹介します。

地方
都道府県が属している地方です。

北海道

(道庁所在地 **札幌市**)

北海道は※翼竜の形

ここにあるよ！

回転した形を覚えよう

※翼竜…中生代に生息していた空飛ぶは虫類。

独自の文化をもつアイヌ

独自の言葉を話していたんだよ

昔は蝦夷地などとよばれ、独自の文化をもった住民たちは、アイヌとよばれました。

江戸時代には本州から来た役人とアイヌとの間で争いが起こります。次第にアイヌ独自の風習はすたれていきました。

「県」より広い地域

北海道は日本でもっとも北にあり、とても寒い地方です。面積も日本一広いため、「県」よりも広い地域をさす「道」が使われています。

知床半島では、シベリアのほうからくる流氷が見られます。シマフクロウやウミガラスなど、めずらしい鳥などがすむため、世界自然遺産にも選ばれています。

広い土地を活かした農業

広大な土地があるため、農業がさかんです。石狩平野や十勝平野では、農家一戸あたりの耕作面積が、全国平均のなんと10倍以上。ジャガイモ、タマネギ、大豆の生産量は日本一です。

根室と釧路にある根釧台地では、牛やヤギなどを育て、乳や乳製品を生産する酪農もさかんです。

返還されない北方領土

択捉島、国後島、色丹島、歯舞群島の4島からなる北方領土は、もともと日本のものです。

ところが、第二次世界大戦後、ロシアが支配をはじめ、日本人が追い出されてしまいました。

▲北方領土の位置

学校では教えてくれないマメ知識

羊の肉を焼いたジンギスカンが名物です。牛をたくさん飼っているのに、なぜ羊も食べはじめたのでしょう？ それは、毛皮をとるために飼っていた羊を、農家で食べるようになったためだといわれています。

青森県 （県庁所在地 青森市）

青森県はナマケモノの形

ここにあるよ！

回転した形を覚えよう

正面（北） → 右に90°回転 → さらに右に90°（180°）回転 → さらに右に90°（270°）回転

青森市

縄文時代の遺跡がある

縄文時代の三内丸山遺跡があり、竪穴住居の跡も発見されました。
江戸時代には弘前城が築かれました。弘前城は重要文化財に指定されています。

▲弘前市にある弘前城

夏に冷たい風がふく

日本海側の津軽地方と、太平洋側の南部地方に分かれ、どちらも雪が多く降ります。南部地方では夏に「やませ」という冷たい風がふきます。
津軽半島は、日本一長い青函トンネルで北海道とつながっています。冬をこすためにやってくる渡り鳥のハクチョウは、県の鳥に選ばれています。

東北地方

日本のリンゴの半分は青森県産

津軽平野を中心にリンゴ農家が多く、日本のリンゴの50％以上を生産しています。ニンニク、ゴボウ、ナガイモの生産量も日本一です。
海に囲まれているので漁業もさかんで、ヒラメの漁獲量は1位。大間町のマグロは、高級品として高値で取引されています。

盛大なねぶた祭

毎年8月の最初のころに、ねぶた祭が開催されます。人や動物の形をした巨大な灯ろうがのった山車が、夜の通りを進みます。
津軽地方ではねぷたとよぶことがあります。

日本の重要なお祭りだよ

学校では教えてくれないマメ知識

弘前市から竜飛岬へぬける国道339号線の途中には、車が通れない区間があります。通れない区間には階段があり、その段数は362段。日本にひとつだけしかない階段国道です。

岩手県

（県庁所在地 盛岡市）

岩手県は **ミノムシ**の形

ここにあるよ！

回転した形を覚えよう

正面 / 北
盛岡市

右に90°回転

さらに右に90°
（180°）回転

さらに右に90°
（270°）回転

れきし 金を集めて広げた勢力

平安時代、東北地方は奥州や陸奥とよばれていました。その中心地となっていたのが岩手県の平泉（平泉町）です。

奥州を支配していた藤原氏は、東北地方でとれる金を集めて勢力を広げることができました。世界遺産にもなっている中尊寺を建て、金をふんだんに使った金色堂をつくっています。

かんきょう 山と海にはさまれた盆地

西には奥羽山脈が通り、ふもとの北上盆地に人が多く住みます。

東には太平洋に面した三陸海岸があります。海や川の水で地面がけずられ、ギザギザになった地形をもつ、リアス式海岸として有名です。

国内で2番目に広い県だよ

さんぎょう 圧倒的な生産量の木炭

山が多く、木がたくさんあるので、木炭の生産量が日本一です。

リンドウの生産量も、国内の70％をしめます。

海沿いでは波によってけずられた岩が多く、アワビがよくとれます。

▲山にさくリンドウの花

ちゅうもく 作家・宮沢賢治の出身地

『銀河鉄道の夜』や『注文の多い料理店』などのお話を書いた宮沢賢治は、岩手県出身です。賢治の作品の中に出てくる「イーハトーブ」という理想の場所は、岩手県がモデルといわれています。

食べ物では、食べたらすぐおかわりをよそわれる「わんこそば」や、盛岡冷麺などが有名です。

学校では教えてくれないマメ知識

岩手県の魅力を発信するため岩手県出身、もしくは在住のまんが家などの作品をまとめた『コミックいわて』を創刊しました。いわてマンガ大賞を毎年開くなど、まんがで岩手県をアピールしています。

東北地方

宮城県

（県庁所在地 仙台市）

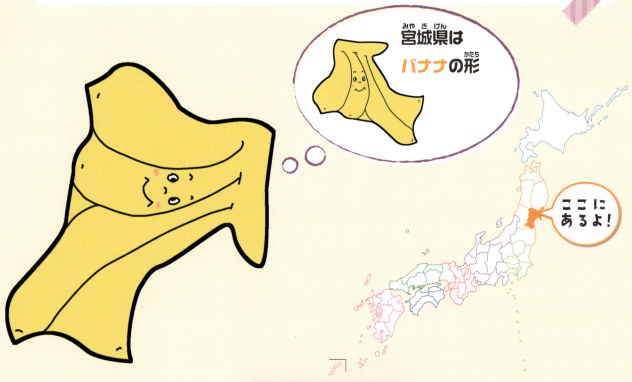

宮城県はバナナの形

ここにあるよ！

回転した形を覚えよう

東北を治めた鎮守府

都から遠く離れた東北地方を治めるために、奈良時代に鎮守府という役所がおかれました。

鎮守府では、多賀城を築いて地元の豪族たちの反抗をおさえていました。

東北地方の要だったよ

日本三景の松島

松島湾にある松島には、約260の島が集まっています。日本でもっとも景色の美しい場所のひとつとして、京都府の天橋立、広島県の宮島と並び「日本三景」のひとつに数えられています。

気仙沼市には、東北最大の島、気仙沼大島があります。3000人以上の人が暮らす、ツバキの花の名所です。

海の幸がいっぱい

100以上の漁港があります。カツオやカジキなどの魚がとれるほか、ホヤやカキの養殖なども行います。

お米づくりもさかんで、「ヒトメボレ」や「ササニシキ」といった品種が、全国で知られています。

日本の伝統工芸品である「こけし」の生産量も日本一です。

日本一有名な七夕祭り

8月7日前後に行われる「仙台七夕まつり」は、日本の七夕まつりの中でもとくに有名です。

仙台市内の商店街が、たくさんの七夕かざりであふれ、にぎわいます。

▲商店街の七夕かざり

学校では教えてくれないマメ知識

当時の宮城県を治めていた伊達政宗は、ゲームのキャラクターとしても人気です。ゲームのキャラクターになった伊達政宗は、宮城県知事選挙の選挙啓発イメージキャラクターにも起用されるほどです。

秋田県（あきたけん）

県庁所在地 秋田市（あきたし）

秋田県は **オープンカー**の形

ここにあるよ！

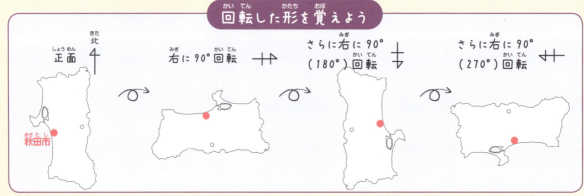

回転した形を覚えよう

正面（北）／右に90°回転／さらに右に90°（180°）回転／さらに右に90°（270°）回転

秋田市

れきし　大陸とも交易した日本海側の拠点

　平安時代に築かれた秋田城は、東北地方の日本海側を治める拠点でした。
　東北地方と都を交易で結んでいたほか、中国の東北部とも交流があったといわれています。
　秋田城の跡地は、現在、高清水公園となっており、秋田城の門とかべは復元されています。

かんきょう　日本一深い湖

　日本海側につき出た男鹿半島のつけ根には、八郎潟という湖があります。
　かつては滋賀県の琵琶湖の次に大きな湖でしたが、大部分がうめ立てられ、農業に活用されています。うめ立てる前は、漁業がさかんに行われていました。
　仙北市にある田沢湖は、深さ423mで、日本一深い湖です。

東北地方

さんぎょう　70％が森林ですすむ林業

　米の生産量は全国3位で、ブランド米の「あきたこまち」が有名です。
　県の面積の約70％が森林なので、秋田杉を育てるほか、マイタケやシイタケの栽培もさかんです。

ハタハタという魚もとれるよ

ちゅうもく　泣くほどこわいなまはげ

　大晦日に、「なまはげ」が家にやって来ます。目的は、悪い子を探すこと。子どもはあまりのこわさに逃げまどい、泣いてしまうこともあります。
　おもに男鹿市周辺で行われる伝統行事です。

▲家に押し入るなまはげ

学校では教えてくれないマメ知識

「秋田美人」という言葉があるほど、秋田県には美人が多いといわれています。秋田県が美容室、理容室の数で日本一なのは、おしゃれに気を使う女性が多いためかもしれません。

山形県 （県庁所在地 山形市）

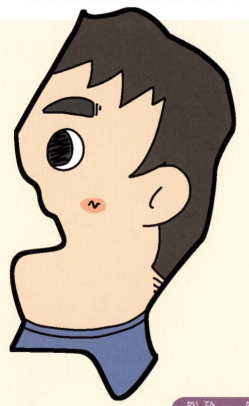

山形県は男の子の形

ここにあるよ！

回転した形を覚えよう

正面／北　｜　右に90°回転　｜　さらに右に90°（180°）回転　｜　さらに右に90°（270°）回転

山形市

立石寺でよまれた俳句

「閑さや　岩にしみ入る　蝉の声」などの俳句で有名なのが松尾芭蕉です。

芭蕉は、江戸（現在の東京都）から東北地方を旅してたくさんの俳句を残し『おくのほそ道』にまとめました。

冒頭の俳句は、山形市の立石寺でよんだものです。最上川をくだって、出羽三山をめぐったそうです。

名前の通り山がたくさん

山形県は、面積の約85％が山という山深い県です。出羽三山は、羽黒山、月山、湯殿山のことで、神聖な山として多くの参拝者が訪れます。

県の中央には最上川が流れます。川沿いには庄内平野のほか、米沢、山形、新庄という盆地があり、県民の多くは最上川周辺の平地に暮らしています。

生産量日本一のサクランボ

「佐藤錦」は山形県産の高級サクランボだよ

国内のサクランボの70％以上が山形県産です。西洋ナシの生産量も日本一です。

庄内平野では農業がさかんで、「つや姫」という新しい品種のお米を開発しました。酪農では「米沢牛」や「三元豚」といったブランドのお肉が有名です。

女性が主役になる花笠まつり

8月には毎年、山形花笠まつりが開催されます。県の花である紅花の花飾りを笠につけた女性たちが、おどりながら進みます。

地域おこしとしてはじまり、100万人以上が訪れるお祭りになりました。

▲花笠まつりで使われる花笠

学校では教えてくれないマメ知識

将棋の駒の名産地である天童市では、4月に天童桜まつりが行われます。そこでは、武将の格好をした人を駒に見たてて、プロの棋士同士が対戦する「人間将棋」が名物となっています。

福島県

県庁所在地 (福島市)

福島県は **しゃちほこ** の形

ここにあるよ！

回転した形を覚えよう

正面 北 / 福島市 → 右に90°回転 → さらに右に90°（180°）回転 → さらに右に90°（270°）回転

有名な細菌学者の出身地
【れきし】

　大河ドラマ「八重の桜」の主人公のモデルとなった新島（山本）八重は、当時の福島県を治めていた会津藩の出身です。
　千円札に描かれている細菌学者の野口英世は、現在の猪苗代町の出身です。
　2011年の東北地方太平洋沖地震では、福島第一原子力発電所をはじめ多くの被害を受けましたが、復興中です。

3つに分けられる地域
【かんきょう】

磐梯山という山から猪苗代湖が見えるよ

　日本で3番目に広い県です。海側の浜通り、阿武隈川の流れる中通り、そして新潟県寄りの会津の3つの地域に分かれています。
　日本で4番目に広い湖である猪苗代湖が有名です。

お米を日本酒にする
【さんぎょう】

　福島県は収穫したお米を使って、おもに日本酒をつくっています。新酒の品質を競う鑑評会では、4年連続で金賞受賞を成しとげました（2016年）。
　また、原子力発電所だけではなく、水力、火力、地熱、風力などを利用した発電所がいくつもあり、関東地方にも電気を送っています。

全国に広まる喜多方ラーメン
【ちゅうもく】

　会津地方の喜多方で生まれた、しょうゆ味が基本の喜多方ラーメンが有名です。福島県だけでなく全国に広まりました。
　白河ラーメンなども人気で、福島県民は、中華そばを多く購入しています。

▲福島県民に人気の中華そば

学校では教えてくれないマメ知識

　納豆の消費量が日本一なのは福島県です。納豆をそのままごはんにかけて食べるだけでなく、納豆春巻など料理の材料にも使われ、小学校の給食でも納豆メニューがよく並んでいます。

東北地方

茨城県(いばらきけん)

県庁所在地 水戸市(みとし)

茨城県は犬の形

ここにあるよ！

回転した形を覚えよう

正面（北） → 右に90°回転 → さらに右に90°（180°）回転 → さらに右に90°（270°）回転

茨で囲まれたお城

昔は「うばらき」とよばれ、茨で囲まれたお城があったそうです。<mark>水戸黄門として有名な徳川光圀、江戸幕府最後の将軍となった徳川慶喜は水戸徳川家の出身です。</mark>

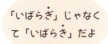
「いばらぎ」じゃなくて「いばらき」だよ

みんなで楽しむ梅の園

水戸市にある偕楽園は、水戸藩主がつくり、庶民にも無料で開放していました。約3000本の梅が植えられています。

南東にある霞ヶ浦は、国内で2番目に大きな湖です。ワカサギやシラウオが釣れます。

また、南にある筑波学園都市は、大学を中心に建設した都市です。

関東地方

稲を早く収穫する

納豆の生産量が日本一です。<mark>農作物では、メロンや鶏卵、ピーマンの生産量が日本一。</mark>レタスの生産量では国内2位です。稲作がさかんな水郷地帯では、台風がくる前に収穫するため、とれたお米は「早場米」とよばれます。

工業地帯に接する鹿島港では、イワシやサバ漁がさかんです。

世界一背の高い青銅製の銅像

牛久市にある牛久大仏は、なんと高さ120mで、青銅製の銅像としては世界一の高さです。

常陸太田市の竜神大吊橋は、375mで、本州一の長さです。

▲牛久市に建つ牛久大仏

学校では教えてくれないマメ知識

江戸時代、「ガマの油」として売られていたぬり薬は、茨城県の筑波山でとれたガマガエルの汗だといわれていました。現在、薬売りの様子は伝統芸能として残され、薬も売られています。

栃木県

県庁所在地
宇都宮市

栃木県は**ペンギンの形**

ここにあるよ！

回転した形を覚えよう

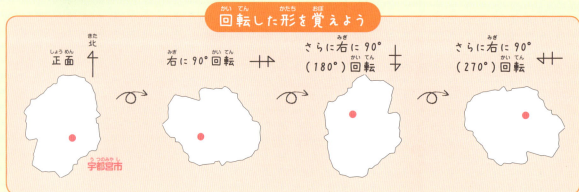

れきし 徳川家康をまつる日光東照宮

日光東照宮には、江戸幕府を開いた徳川家康がまつられています。建築様式などが高く評価され、世界遺産に登録されています。

江戸時代には、お参りする人のために道路がつくられました。

▲日光東照宮の三猿

かんきょう 関東でもっとも寒い県

冬場、北は日光連山や足尾山地などからの山風がふくため、関東地方でもっとも寒い地域です。鉱毒事件のあった足尾銅山の跡地も残されています。

鬼怒川や渡良瀬川が流れているため、水が豊富です。また、火山の熱によって、温泉もわいています。那須高原はハイキングにもぴったりです。

関東地方

さんぎょう 新しいイチゴをつくる研究所

イチゴの生産量が日本一です。有名な「とちおとめ」のほか、いちご研究所で新しい品種が研究されています。カンピョウや湯葉などの工芸作物も人気です。那須高原では酪農が行われています。

宇都宮市など南の工業地帯では、自動車やカメラ部品の工場が多く、カメラの交換レンズの生産が日本一です。

ちゅうもく ギョウザの街

宇都宮市はギョウザの街として有名です。中国でギョウザのつくり方を学んだ人がお店を開いたのがはじまりといわれ、今では200軒以上あります。

栃木県では、ギョウザに必要なニラや白菜の栽培もさかんです。

有名なギョウザ店もいっぱい

学校では教えてくれないマメ知識

栃木県民は外食にかける金額が日本一です。ギョウザだけでなく、ハンバーガーなど洋食もよく食べられています。ガソリン購入額も高く、自動車ででかけて外食するのが好きなのかもしれません。

群馬県

（県庁所在地 前橋市）

群馬県は
かかしの形

ここにあるよ！

回転した形を覚えよう

正面 北 → 右に90°回転 → さらに右に90°（180°）回転 → さらに右に90°（270°）回転

前橋市

生糸工場が世界遺産に

<mark>明治時代につくられた富岡製糸場が、世界遺産に登録されています。</mark>

かつて日本は織物がおもな輸出品で、世界中に輸出していました。製糸場では、たくさんの女性が働いていました。

▲カイコのまゆから生糸がつくられる

場所によって気候がちがう

山地と平地の気候が大きくちがっています。

冬、平地では「からっ風」という冷たい風がふきつけます。山地では、雪がたくさん降ります。

夏、平地ではかみなりが多いことから「かみなり銀座」ともよばれます。色々なものが集まる場所を「銀座」といいます。

関東地方

冬の間につくっただるま

<mark>「桐生織」など生糸を使った製品のほか、コンニャクイモの生産が日本一です。</mark>

お正月に縁日などで売られているだるまも、ほとんどが群馬県でつくられています。

だるまづくりは、生糸を生産する農家が、冬の間の仕事としてはじめたのがきっかけといわれています。

湯量日本一の温泉がある

伊香保温泉や水上温泉など、温泉の多い群馬県で、もっとも有名なのが草津温泉。日本一の湯量をほこります。

熱いお湯を木の板でかきまぜて冷ます、湯もみが有名です。

湯もみ体験ができるよ

学校では教えてくれないマメ知識

人を顔やスタイルで選ぶことを「メン（面）クイ」といいますが、群馬県の人は本当に「めん（麺）食い」です。そば屋さんの数は日本一で、ラーメンやパスタのお店も多くあります。

埼玉県

県庁所在地
さいたま市

埼玉県は**モグラ**の形

ここにあるよ！

回転した形を覚えよう

正面 北

右に90°回転

さらに右に90°（180°）回転

さらに右に90°（270°）回転

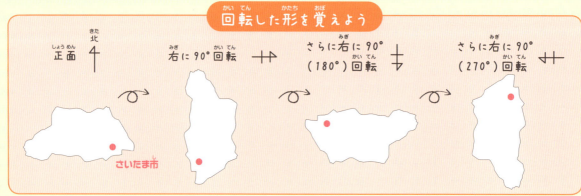

さいたま市

巨大なお墓と日本初の貨幣
れきし

行田市には、稲荷山古墳をはじめ昔の権力者のお墓である古墳が9つもあります。和銅遺跡からは、日本で最初の貨幣「和同開珎」も見つかりました。

江戸時代には、江戸（現在の東京都）を中心に、中山道や日光街道などの街道が発達。その通り道にあった川越（現在の川越市）は、小江戸とよばれました。

40度を超える暑さ
かんきょう

利根川と荒川という大きな川が流れています。

市の数が40もあり、そのうち、人口10万人以上の市が22もあります。これは日本最大の数です。

夏、熊谷市や越谷市は気温が40度を超えることもあります。

海がないから冬は寒いんだよ

関東地方

生産量日本一のひな人形
さんぎょう

生洋菓子とアイスクリームの生産量が日本一です。おもに東京都へと出荷されます。

ひな人形の生産も日本一。加須市では、こいのぼりがつくられています。

▲ひな人形とこいのぼり

ご当地名物がたくさんある
ちゅうもく

埼玉県は、発展している市が多く、特産品の名前には、その土地の名前がよくつけられています。「草加」せんべい、「深谷」ネギ、「狭山」茶、「秩父」そばなど、たくさんあります。

人口の多い都市が点在しているため、埼玉県に住んでいることよりも「どこの市に住んでいるか」が重要なようです。

学校では教えてくれないマメ知識

所沢市にあった飛行場から、日本ではじめて飛行機が離陸しました。その飛行場の跡地、所沢航空記念公園のとなりには東京航空交通管制部があります。飛行機が通る道などを管理しています。

千葉県

県庁所在地
千葉市

千葉県は**インコ**の形

ここにあるよ！

回転した形を覚えよう

| 正面（北） | 右に90°回転 | さらに右に90°（180°）回転 | さらに右に90°（270°）回転 |

千葉市

れきし 南総里見八犬伝の舞台

千葉県のある房総半島の「房総」は「麻」のことです。麻がよく育ったことからついた名前です。江戸時代までは上総、下総、安房の3つに分かれていました。滝沢馬琴が書いた『南総里見八犬伝』は、千葉県が舞台。8人の剣士が、大冒険の末に千葉県にやってきて、安房を治めていた里見家を救うというお話です。

かんきょう 川が多い湿地帯

三方を海に囲まれています。東には九十九里浜という海岸線が広がっています。

海に流れこむ川が多いため、谷津干潟や印旛沼などの湿地帯が多く、水路が整備されています。

標高500mを超える山がないよ

さんぎょう 低地でつくられる落花生

落花生の生産量が日本一です。作物の育ちにくい低地でも育てやすいことから落花生がつくられはじめました。銚子市では、しょうゆの生産がさかんです。

ナシの生産量も日本一をほこります。伊勢エビの漁獲量でも日本一です。

▲落花生は土の中で育つ

ちゅうもく 「東京」と名のつくテーマパーク

「東京ディズニーランド」は、じつは千葉県浦安市にあります。このように、千葉県には「ららぽーとTOKYO-BAY」「東京ドイツ村」など、「東京」と名のついた場所がたくさんあります。

東京湾に面しているという理由もありますが、千葉県より東京都のほうが有名だからというのが理由のようです。

学校では教えてくれないマメ知識

ゆるキャラといえば、船橋市のふなっしーが有名。ただし公認されておらず、公式キャラクターは船えもんです。千葉県の公式キャラクターのチーバくんは、横から見ると千葉県の形をしています。

関東地方

東京都 （都庁所在地 新宿区）

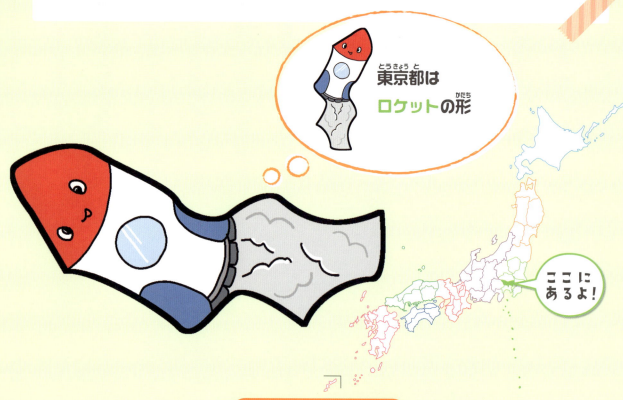

東京都は**ロケット**の形

ここにあるよ！

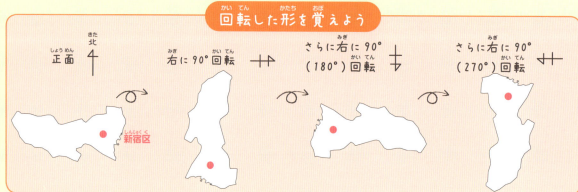

回転した形を覚えよう

正面 北 / 右に90°回転 / さらに右に90°（180°）回転 / さらに右に90°（270°）回転

新宿区

東京に開いた江戸幕府

関東の小さな村に、徳川家康が江戸幕府を開いたのが現在の東京都のはじまりです。

江戸時代、日本橋はおもな5つの道の出発点でした。

現在も、橋の上には、5つの道のスタート地点であることを示す標識が置かれています。

日本の南と東のはじは東京都

東京都には、東京23区という特別区と、西にある30の市町村、伊豆諸島や小笠原諸島といった複数の島々がふくまれています。

日本の南はじの沖ノ鳥島、東はじの南鳥島も、東京都です。

▲伊豆諸島に属する青ヶ島

あらゆる産業の中心

約1300万人が住む日本最大の都市で、商業が発展しています。

日本の経済の中心地で、とくに、テレビや新聞などの会社が多くあります。世界に向けて情報を発信しています。

田んぼや畑もあるよ

うめ立てで広くなった東京

東京スカイツリーなど、観光地の多い東京都ですが、人気スポットのひとつ、お台場は、もともと海だったところをうめ立ててつくられました。

海よりも地面のほうが低い、海抜0m地帯が多いため、江戸時代から積極的にうめ立てを行い、土地を拡大していたのです。

関東地方

学校では教えてくれないマメ知識

日本の中心である東京都には、全国各地から人が集まってきます。東京都の下町出身の人を江戸っ子とよびますが、三代続けて江戸に生まれたことが条件。それだけ地方から来た人が多かったのでしょう。

神奈川県 （県庁所在地 横浜市）

神奈川県はラクダの形

ここにあるよ！

回転した形を覚えよう

正面 北 ／ 右に90°回転 ／ さらに右に90°（180°）回転 ／ さらに右に90°（270°）回転

西洋の文化と縁が深い

平氏を倒した源頼朝により、鎌倉に幕府が開かれます。

戦国時代は、北条氏が小田原城を築いて関東地方のほとんどを支配していました。

江戸時代の終わりには、黒船に乗ったペリーが訪れ、鎖国していた日本は開国。横浜が外国人に開放されたため、西洋の文化がたくさん入ってきました。

温泉地が有名

東京湾と相模湾に面しており、間を三浦半島が分けています。

中央部は相模平野が相模川の下流に広がっており、西の山側には箱根、海側には湯河原と、温泉地が広がります。

▲東京湾と相模湾の間にある三浦半島

輸出に使う港

東京都と神奈川県を中心とした京浜工業地帯では自動車や電気製品などをつくり、輸出しています。多くは、川崎港、横浜港、横須賀港などから船で運ばれます。

西の三崎港は漁港で、かまぼこなど魚の加工品も人気です。

「大きな船が多いよ」

箱根峠を走る箱根駅伝

箱根温泉でよく知られる箱根峠は古くからある道のひとつですが、越えるのが大変な峠でした。

現在は、毎年1月2日、3日に、関東の大学が駅伝で競いあう「箱根駅伝」が行われています。

道の駅箱根峠の近くには、箱根駅伝のミュージアムもあります。

学校では教えてくれないマメ知識

横浜市にある妙香寺は、吹奏楽の発祥地です。国歌の「君が代」が生まれた場所でもあります。イギリスの吹奏楽を学んだ楽団が、古い和歌に曲をつけたのがはじまりです。

関東地方

新潟県(にいがたけん)

県庁所在地(けんちょうしょざいち)
新潟市(にいがたし)

新潟県は恐竜の形

ここにあるよ！

回転した形を覚えよう

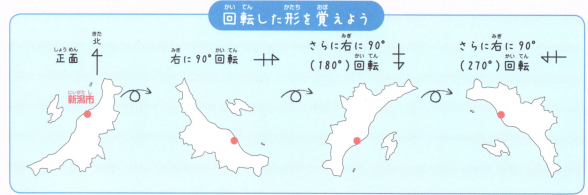

正面（北） / 右に90°回転 / さらに右に90°（180°）回転 / さらに右に90°（270°）回転

金がとれた佐渡島 (れきし)

戦国時代には最強の武将といわれる上杉謙信が治めました。

北に浮かぶ佐渡島では、江戸時代にたくさんの金がとれた重要な場所だったため幕府が直接治めました。金は、平成になるまで掘られていたそうです。

佐渡では今も砂金がとれるよ

世界屈指の豪雪地帯 (かんきょう)

日本海に面して冷たい風が入ってくるため、山側は豪雪地帯です。積もった雪が何mにもなります。大きな道路には消雪パイプという、水の出るスプリンクラーが設置されていて雪を溶かします。

長野県から流れてきた千曲川が、新潟県で合流すると信濃川とよばれます。信濃川は、日本一長い川です。

米からおせんべいをつくる (さんぎょう)

米どころとして有名で、「コシヒカリ」が有名なブランド米です。たくさんとれるので、お米を原料とする日本酒やおせんべい、おもちなどもつくっています。

日本海では、カレイなど海の幸がたくさんとれます。山では、高級洋なしの「ル・レクチェ」を生産しています。原油や天然ガスの生産も国内1位です。

ニッポンの名をもつトキの生息地 (ちゅうもく)

新潟県の鳥であるトキは、学名を「ニッポニアニッポン」といい、日本の国鳥でもあります。

昔はアジアを中心にたくさんいましたが、現在は絶滅の心配があり、新潟県で保護されています。

▲絶滅の恐れのあるトキ

中部地方

学校では教えてくれないマメ知識

「敵に塩を送る（敵対関係にある相手が、苦しい立場にあるときに助ける）」という言葉は、上杉謙信が関係しています。正義感の強い謙信が、塩不足で困っている敵に、塩を送ってあげたという話からきています。

富山県

県庁所在地 (富山市)

富山県は スクーターの形

ここにあるよ！

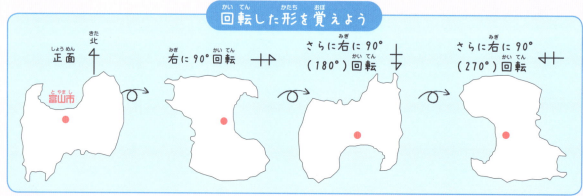

回転した形を覚えよう

正面 北　／　右に90°回転　／　さらに右に90°（180°）回転　／　さらに右に90°（270°）回転

富山市

れきし 越中国を治めた歌人

富山県は越中国とよばれていました。国内に現存する最古の和歌集『万葉集』の代表的な歌人だった大伴家持は、越中を治める長官でした。5年間越中で暮らしていたとされますが、その間に多くの歌を残しています。

江戸時代は前田家が治め、交易船「北前船」の中継地として栄えました。

かんきょう 国内最大の黒部ダム

立山連峰など高い山が立ち並び、立山連峰にある山、剱（劔）岳には日本で唯一の氷河があります。

立山連峰から長野県にまたがる黒部川には、国内最大のアーチ型ダム、「黒部ダム」があります。

▲中新川郡立山町にある黒部ダム

さんぎょう 全国に売り歩く富山の置き薬

家庭に置いておく薬を全国に売り歩く、「薬売り」が有名です。江戸時代からはじまったといわれています。

農業では米づくり、漁業ではホタルイカが有名です。

置き薬は使った分だけお金をはらうよ

ちゅうもく 県花はチューリップ

魚津市は、日本ではめずらしい、物がうき上がったり、逆さまに見えたりする「しんきろう」という現象が見られます。

県の花であるチューリップは、約300もの品種が栽培されています。4月～5月にかけて、砺波市のチューリップ公園では、100万本のチューリップが並ぶチューリップフェアが開催されます。

中部地方

学校では教えてくれないマメ知識

持ち家の比率と、家の広さで日本一。「家をもってこそ一人前」という考えが根強いそうです。子どもの世話を祖父母がして、両親が共働きという世帯が多いため、平均収入も日本一です。

石川県 （県庁所在地 金沢市）

石川県は火山の形

ここにあるよ！

回転した形を覚えよう

正面 北 金沢市 → 右に90°回転 → さらに右に90°（180°）回転 → さらに右に90°（270°）回転

領主と戦った農民たち

室町時代、一向宗という仏教の教えを信じる農民が、領主の圧政にたえかねて暴動を起こします。これを加賀の一向一揆といい、農民の力が強くなりました。

江戸時代は前田利家の領地となります。前田氏がもっていた広大な領地は、「加賀百万石」とよばれました。毎年、金沢百万石祭りが行われています。

本州からつき出た能登半島

石川県は本州の日本海側に位置し、南の加賀地方、金沢、そして北につき出ている能登半島のある能登地方に大きく分かれています。

本州部分は金沢平野が広がり、南が山地となっています。

県庁のある金沢市は、江戸時代から日本海側の文化の中心地でした。

伝統ある工芸品

輪島市で生産される漆器「輪島塗」や、伝統工芸品の「加賀友禅」などが有名です。
回転寿司のコンベアや、びんに物をつめる機械などといった、工業製品でも全国的シェアをほこります。

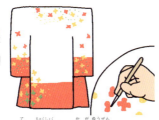
▲手で着色する加賀友禅

石川県の目玉 金沢の兼六園

2015年に北陸新幹線が金沢まで通り、多くの観光客が訪れています。
中でも有名なのが、日本三大庭園のひとつに数えられる兼六園。春の桜や、冬の雪景色など、いつでも見どころがあります。

桜・梅・紅葉の名所だよ

学校では教えてくれないマメ知識

石川県の名産品に金箔があります。おみやげ売り場には、金箔入りのお酒やお茶、化粧水があり、料理やお菓子にも金箔をのせます。金箔は、無味無臭で、口に入れても大丈夫です。

中部地方

福井県　（県庁所在地 福井市）

福井県は**カギ**の形

ここにあるよ！

回転した形を覚えよう

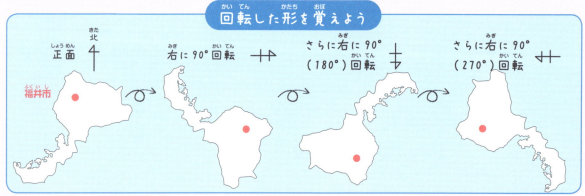

正面　北　　　右に90°回転　　　さらに右に90°（180°）回転　　　さらに右に90°（270°）回転

福井市

日本の古代がわかる遺跡

福井県からは恐竜の化石が見つかっています。

三方五湖周辺からは、鳥浜貝塚が発掘されました。縄文時代の丸木舟や、道具類がたくさん見つかっています。

古代のことがよくわかる場所です。

▲発掘された丸木舟と石斧

自然が豊かな「越山若水」

若狭湾は海岸線がギザギザのリアス式海岸です。敦賀市から東尋坊まで続く越前海岸もあります。

内陸は白山連峰や丹生山地などの山々に囲まれています。

海の幸も山の幸も豊富な場所として「越山若水」とよばれるほど、自然が豊かな県です。

ハープをつくる唯一の場所

リアス式海岸でとれる越前ガニが有名です。

メガネのフレームは、国内のなんと約95％が福井県でつくられています。越前漆器や越前刃物、越前和紙なども有名です。

国内ではただ1カ所、楽器のハープがつくられている場所でもあります。

冬のデザート水ようかん

名産品に水ようかんがあり、全国的に夏の和菓子として知られています。

しかし、福井県民にとって水ようかんは冬に食べるもの。材料の寒天は冬につくられるため、冬のデザートだったのです。

いつ食べてもおいしいね

中部地方

学校では教えてくれないマメ知識

小さな工場が多く、いろいろなものがつくられている福井県。34年連続で社長の数日本一にかがやいています。大企業があまりないため、会社の数が多くなる分、社長が多いようです。

最強の騎馬隊

戦国時代には、武田信玄が治めました。信玄は「人は城、人は石垣、人は堀」という言葉を残しています。戦いに大事なのはお城よりも人の団結力だとして、何よりも人材を大事にしていたのです。

そのため、武田家の家臣は信玄に忠誠をちかい、騎馬隊は最強とよばれ、全国に名を知られていました。

山に囲まれた山梨県

北に八ヶ岳、西に赤石山脈（南アルプス）、東に奥秩父、南には富士山がある、山に囲まれた県です。

「山があっても、山梨（無し）県」という言葉遊びもあります。

登山にぴったりだよ

ブドウとモモに適した気候

すずしい気候を利用してつくる、ブドウやモモの生産量が日本一。ブドウからつくられるワインの名産地でもあります。

なんと国内のミネラルウォーターの約30％が山梨県の山のわき水です。

▲生産量日本一のブドウとモモ

武田信玄にあやかった商品

名物に、野菜とめんをみそ仕立ての汁でにこんだ「ほうとう」があります。他にも、甲府市の「とりもつ煮」がB級グルメ大会で日本一になっています。「信玄もち」や「信玄ソフト」など、武田信玄にあやかった商品もあります。

河口湖近くの富士急ハイランドには絶叫マシーンがあり、多くの人が訪れます。

中部地方

学校では教えてくれないマメ知識

日本一高い山である、富士山をめぐって静岡県とライバル関係にあります。富士五湖は山梨県側にあり、湖面にうつった逆さ富士が有名です。富士山頂の県境は決着がつかないため、決められていません。

長野県

県庁所在地 **長野市**

長野県は **ムササビの形**

ここにあるよ！

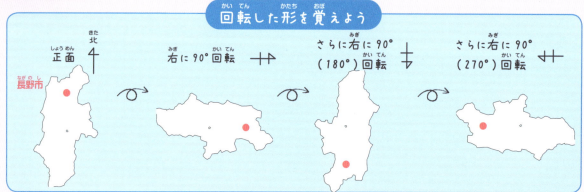

回転した形を覚えよう

7年に一度の御開帳と御柱祭

長野市は、飛鳥時代にできた善光寺のまわりで栄えてきました。この善光寺では7年に一度、阿弥陀如来像が公開される御開帳が行われます。

諏訪湖のほとりにある諏訪大社は、上社と下社に分かれています。やはり7年に一度、巨大な神木を山から切り出して神社の四方に建てる御柱祭が行われます。

山ばかりの日本の屋根

本州の中ほどに位置し、四方を陸地に囲まれ、8つの県ととなりあっています。

浅間山などの山々が並んでおり、日本でもっとも平均標高が高いことから、「日本の屋根」とよばれます。

▲8つの県ととなりあっている

高原野菜とそば

標高が高く、夏でもすずしい、軽井沢や安曇野などが避暑地として知られています。

野辺山など標高1000mを超える地域では、レタスや白菜などの高原野菜が生産されています。

北ではリンゴ園やそば畑が並んでおり、どちらも国内2位の生産量です。

県民全員歌える「信濃の国」

長野県は昔、信州や信濃とよばれていました。県歌は「信濃の国」といいます。

県歌を制定している県は他にもありますが、「信濃の国」は、長野県民なら全員が歌えるほど有名です。

県の特徴も歌で覚えられるよ

学校では教えてくれないマメ知識

長野県はご当地ヒーローの発祥地。南部の下條村が村おこしのために考えた「地域戦隊カッセイカマン」が最初です。毎年3月、全国のご当地ヒーローが下條村に集まる大会があります。

岐阜県（ぎふけん）

県庁所在地
岐阜市（ぎふし）

岐阜県は**ライオン**の形

ここにあるよ！

回転した形を覚えよう

正面（しょうめん）　北（きた）

右に90°回転

さらに右に90°（180°）回転

さらに右に90°（270°）回転

岐阜市

れきし
中国の山の名と地名をもつ

美濃国とよばれていたこの地を征服した織田信長が岐阜城を建てました。

「岐阜城」は、中国の神聖な山「岐山」と、思想家の孔子が生まれた「曲阜市」からつけられた名前といわれています。

▲復元された岐阜城の天守

かんきょう
雪と洪水から守るための工夫

飛騨地方と美濃地方に分かれます。飛騨地方の白川郷では、「合掌造り」という角度の急な屋根によって、雪を落ちやすくした昔の民家が並んでおり、世界遺産になっています。

美濃地方では、木曽川や長良川などの洪水から集落を守るため、まわりを堤防で囲んだ「輪中」が発達しました。

さんぎょう
よい土でつくる美濃焼き

焼物に適した土、ねん土や燃料、木が豊富なため、古くから「美濃焼き」などの陶磁器が有名です。

関市では包丁が有名。その切れ味のよさから、海外でも人気です。

包丁が有名なんだね

ちゅうもく
日本の三大温泉 下呂温泉

長良川では、鳥に魚をのみこませ、船の上ではき出させる「鵜飼」という漁法が行われてきました。現在は鵜飼を行う人が減ってしまいましたが、夏のシーズンに見学することもできます。

下呂温泉は、群馬県の草津温泉、兵庫県の有馬温泉と並ぶ日本の三大温泉に数えられ、海外からもお客さんが訪れます。

中部地方

学校では教えてくれないマメ知識

神岡鉱山の地下1000mでは、宇宙から降り注ぐ目に見えない物質を研究する施設「スーパーカミオカンデ」があります。年に一度だけ、見学会が行われています。

静岡県(しずおかけん)

県庁所在地(けんちょうしょざいち)
静岡市(しずおかし)

静岡県(しずおかけん)は
金魚(きんぎょ)の形(かたち)

ここにあるよ!

回転した形を覚えよう(かいてんしたかたちをおぼえよう)

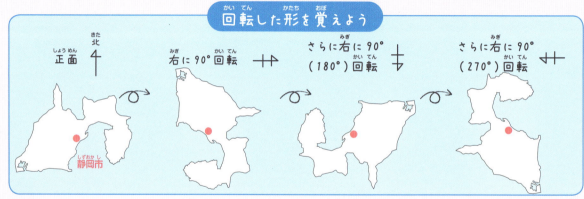

正面(しょうめん) 北(きた) / 右に90°回転(みぎにかいてん) 静岡市(しずおかし) / さらに右に90°(180°)回転(みぎにかいてん) / さらに右に90°(270°)回転(みぎにかいてん)

神話から名前がついた焼津

弥生時代の集落跡の残る登呂遺跡が有名です。縄文時代の遺跡や、石器時代の人骨も見つかっています。

焼津市の名前の由来は、日本神話に出てくる草原。ヤマトタケルが草原で敵の放った火に囲まれたとき、剣で草をはらい脱出した話があり、その草原が「ヤキツ」とよばれていたのです。

自然豊かで世界遺産が多数

白い糸のように細い滝がいくつも流れる「白糸の滝」や、羽衣の松などで知られる「三保の松原」など、富士山をふくめた周辺地域は、世界遺産に登録されています。

湖では浜名湖が有名。汽水湖といって、塩分濃度の低い淡水に海水が混じっている湖です。

茶どころ静岡県はプラモデルもつくる

山間部では茶畑が広がっており、日本最大のお茶の産地です。

オートバイやピアノの生産もさかん。プラモデル会社も多く、日本のプラモデルの9割は静岡県でつくられています。

▲茶畑で茶摘みをする

静岡の洋菓子うなぎパイ

静岡県のおみやげとして有名なうなぎパイは、うなぎの粉が混ぜられたサクサクした洋菓子です。

伊豆半島の海沿いには、熱海・伊東といった温泉もあり、リゾート地です。

うなぎの味はしないよ

中部地方

学校では教えてくれないマメ知識

静岡県は、日本ではじめて少年サッカーチームをつくった、サッカーのさかんな県です。Jリーグの強豪クラブから草サッカーチームまでたくさんあり、全国優勝した高校もあります。

愛知県 （県庁所在地 名古屋市）

愛知県は カニの形

ここにあるよ！

回転した形を覚えよう

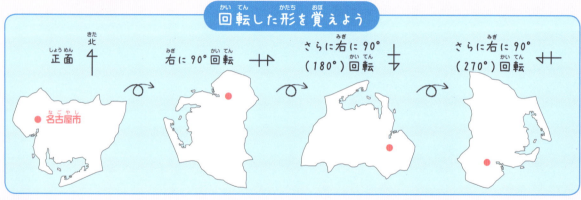

正面 北 ／ 右に90°回転 ／ さらに右に90°（180°）回転 ／ さらに右に90°（270°）回転

三英傑とよばれる3人の天下人

織田信長、豊臣秀吉、徳川家康という3人もの天下人を生み出しています。
江戸時代には徳川御三家のひとつ、尾張徳川家が治めました。
8代将軍徳川吉宗の時代、財政再建のために倹約令が出されましたが、尾張徳川家はこれに反発。お芝居見学など、ぜいたくといわれる娯楽を奨励しました。

中部地方最大の名古屋市

東京と大阪の間を結ぶ東西の中継地点となる名古屋市は、日本三大都市のひとつです。
渥美半島と知多半島の間に三河湾をかかえ、北には茶臼山など1000m級の山が連なっています。
気候は太平洋式気候で、夏はむし暑く、冬はかわいた風がふきます。

日本一の工業地帯

日本一の製造品の出荷額をほこる中京工業地帯の中心です。

工業に支えられているよ

豊田市には自動車メーカーの本社が置かれ、自動車産業がさかん。陶磁器のことを瀬戸物というほど、瀬戸市では焼き物づくりが有名です。

みそでつくる料理が有名

甘いみそを使った料理が有名です。みそ煮込みうどんのほか、みそカツなどがあります。
2005年には、日本国際博覧会（愛知万博、愛・地球博）が開催されました。

▲みそ煮込みうどんとみそカツ

学校では教えてくれないマメ知識

名古屋市は、喫茶店のモーニングサービスが充実しています。ドリンクを頼むだけでトーストやゆでたまごなどがついてきます。食パンにはあんこをぬるのが名古屋市のモーニングの特徴です。

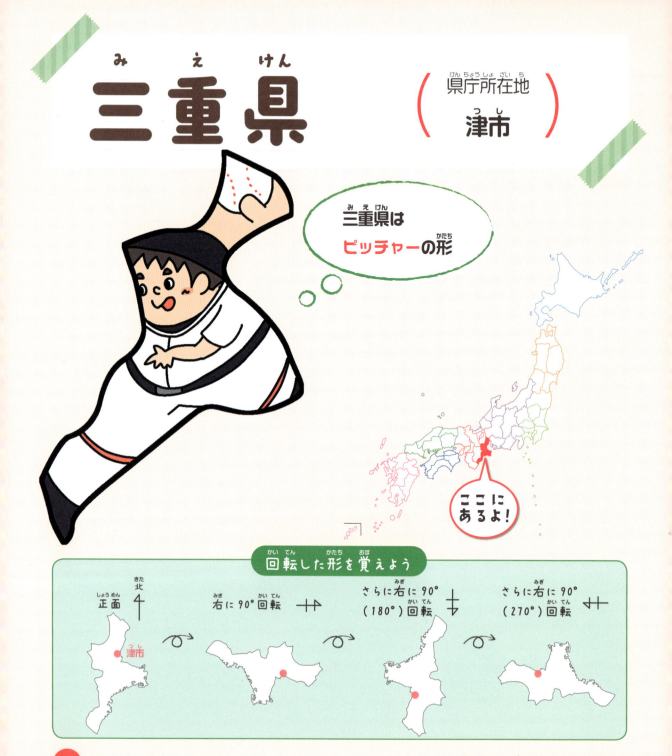

すべての神社の頂点
れきし

<mark>太陽の神であるアマテラスをまつる伊勢神宮は、日本の神社をまとめるおおもとの神社です。</mark>

伊勢神宮には食物の神様もまつられているため、三重県は食べ物が豊かだといわれています。

お伊勢さんとよばれているよ

伊勢志摩サミットの開催地
かんきょう

<mark>2016年には、南にある志摩市で、伊勢志摩サミットが開催されました。</mark>

西のほうは内陸で、忍者の里で有名な伊賀市があります。もっとも大きな都市は、県庁のある津市ではなく、四日市市です。

冬でも、海側は暖かいですが、山側は寒く雪も降り、スキー場もあります。

おいしい食べ物がいっぱい
さんぎょう

高級牛肉として有名な松坂牛の産地です。魚介類も豊富で、伊勢エビやアワビもとれます。桑名市では、はまぐりが有名です。

1893年に世界ではじめて真珠の養殖に成功し、真珠生産量も日本一です。

▲貝から真珠がとれる

モータースポーツなら鈴鹿
ちゅうもく

鈴鹿市にある鈴鹿サーキットは、世界でも有数のレース場です。鈴鹿市に本社を置くオートバイメーカーがつくったもので、遊園地がとなりにあります。

7月にはオートバイの鈴鹿8時間耐久ロードレース、10月にはF1の日本グランプリを開催するなど、モータースポーツの聖地です。

近畿地方

学校では教えてくれないマメ知識

伊賀市は忍者の里として知られています。伊賀忍者の長だった服部半蔵は徳川家康につかえました。俳人の松尾芭蕉は、伊賀の出身だったことから、じつは忍者だったともいわれています。

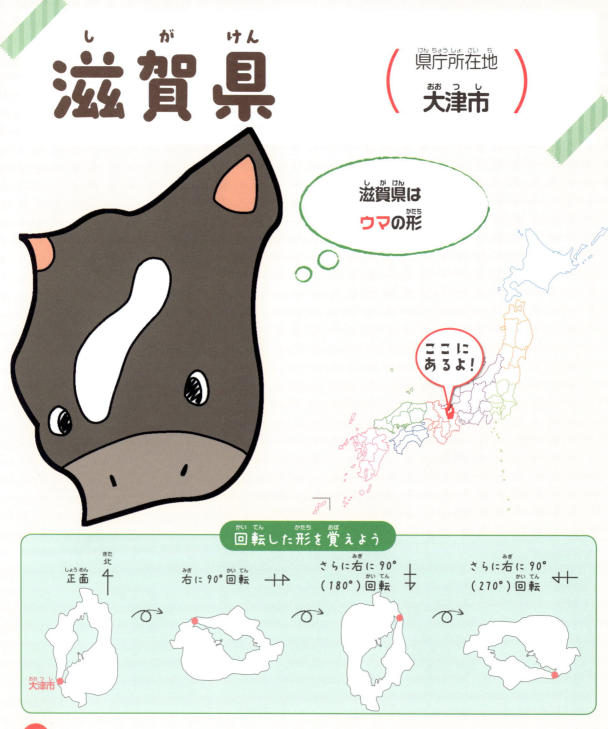

仏教を広めた最澄

昔は近江とよばれていました。平安時代の僧侶・最澄が延暦寺を建て、日本に仏教を広めました。

戦国時代には、武将の織田信長が琵琶湖のほとりに安土城を築いたそうです。

江戸時代、近江の北を治めた井伊氏からは、将軍にかわる政治の最高責任者である大老が4人も出ています。

日本一の琵琶湖が県の中心

県の真ん中に、日本一大きな湖である琵琶湖があり、県の面積の約6分の1をしめます。

地域は、湖を中心に湖東・湖西・湖南・湖北に分けられています。

▲琵琶湖にある白髭神社の鳥居

全国に広まる近江ブランド

昔から都市のあった京都府や大阪府で商売する人が多かったので商業がさかんです。お米をつくり、京都府や大阪府に送っています。「近江米」や「近江茶」、「近江牛」など近江と名のつく商品がブランドになっています。

漁業もさかんで、琵琶湖ではフナがとれます。

タヌキの置き物で有名な信楽焼

信楽焼は、甲賀市信楽でつくられはじめたという陶器。タヌキの置き物が有名です。

タヌキの置き物だけでなく、ツボやカメ、茶碗などいろいろな物がつくられています。

タヌキの置き物はよくお店の前にあるね

学校では教えてくれないマメ知識

ゆるキャラブームの火付け役となったひこにゃんは、彦根城のマスコット。初代彦根藩主の井伊直政は、赤い甲冑を着た部隊を率いて活躍したことから、ひこにゃんも赤いかぶとをかぶっています。

明治に入るまで天皇の住んだ古都
れきし

　昔の中国では、首都のことを「京」といいました。日本にもその言葉が伝わり、784年に平安京がつくられます。明治に入るまで歴代天皇が住んでいました。
　敵や病気から京を守るために仏教の力が必要と考えられ、10円玉の表に描かれた平等院鳳凰堂や、清水寺など、たくさんのお寺が建てられました。

碁盤の目のような京都市内
かんきょう

　京都市の中心部は、道路が碁盤の目のようにタテヨコに走っています。これは、天皇の住む御所を北に置き、南に向けてまっすぐな大通りをつくり、左右均等に道をしいたためです。
　日本海の舞鶴湾と若狭湾に面し、丹後半島の根元には日本三景のひとつ、天橋立があります。

京都府を支える伝統工業
さんぎょう

　観光地として有名な京都府ですが、じつは最大の産業は工業です。西陣織、京焼などの伝統工業をはじめ、高度な技術で電化製品の部品などをつくったりするハイテク産業がさかんです。

京都府生まれのゲーム会社もあるよ

1カ月も続く祇園祭
ちゅうもく

　7月1日から31日まで続く祇園祭では、巨大な山ぼこを引いて行列します。その祇園祭と葵祭、時代祭が京都三大祭。お盆には巨大な文字をたき火でつくる五山の送り火もあります。

▲祇園祭の山ぼこ

学校では教えてくれないマメ知識

　京都府は、昔ながらの言葉で地名を残してきたため、難解な地名が多いです。「不明門通」は「あけずどおり」と読みます。昔、近くのお寺の門がいつも閉まっていたことが由来といわれています。

大阪府(おおさかふ)

(府庁所在地(ふちょうしょざいち) **大阪市**(おおさかし))

大阪府(おおさかふ)は**忍者**(にんじゃ)の形(かたち)

ここにあるよ！

回転(かいてん)した形(かたち)を覚(おぼ)えよう

正面(しょうめん) 北(きた)↑
大阪市(おおさかし)

右(みぎ)に90°回転(かいてん)

さらに右(みぎ)に90°（180°）回転(かいてん)

さらに右(みぎ)に90°（270°）回転(かいてん)

れきし 徳川家康が攻め落とした大坂城

　安土桃山時代に豊臣秀吉が大坂城を建て、日本の中心になりました。
　江戸時代には商業の中心「天下の台所」として栄えました。
　明治維新後に「大阪」という漢字になりました。

▲再建された大阪城

かんきょう 意外と小さな街

USJは人気のテーマパークだよ

　以前は日本一面積の小さい都道府県でした。うめ立てにより関西国際空港やユニバーサルスタジオジャパン（USJ）などをつくり、下から2番目の広さになりました。
　大阪市は近畿・中国・四国・九州地方のなかで人口がいちばん多い都市です。

さんぎょう 小さな工場が集まる

　阪神工業地帯の中心で、他の工業地帯とくらべると事業所が多くあります。全国的規模の大きな会社もありますが、小さな工場がたくさんあります。とくに東大阪市に集中しています。
　従業員の少ない工場でも、世界に認められる精密部品をつくっていることがあるほど、技術力があります。

ちゅうもく 小麦粉が主食？名物の粉もん

　「くいだおれの街」とよばれるほど、おいしい食べ物があるといわれます。
　大阪名物といえばたこ焼きとお好み焼き。どちらも小麦粉を使うため「粉もん」とよばれます。
　戦後の米不足の問題を解消するため、小麦粉料理が発達しました。焼きそばや、うどんなども人気です。

近畿地方

学校では教えてくれないマメ知識

お笑い芸人が出演する劇場がたくさんあります。漫才がさかんなため、普通の人の会話の中でも、ボケとツッコミという役割が決まっているかのように、会話がはずみます。

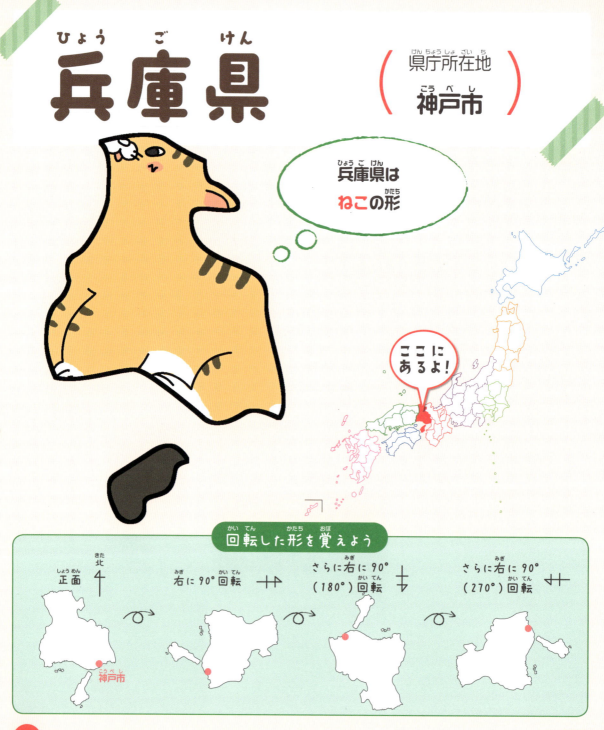

れきし 真っ白なかべの世界遺産

世界遺産に登録されている姫路城は、白いかべが美しいことから「白鷺城」ともよばれています。

1995年には阪神・淡路大震災が発生。ビルや道路がくずれましたが、現在は復興しています。

▲世界遺産となっている姫路城

かんきょう 世界一の長さのつり橋

近畿地方の中ではもっとも大きな面積です。

北は日本海、南は瀬戸内海と、ふたつの海に面しています。

瀬戸内海で最大面積の島、淡路島も兵庫県にふくまれます。本州とは、世界でもっとも長いつり橋である、明石海峡大橋で結ばれています。

さんぎょう おいしい水でつくるお酒

六甲山はおいしい水がわき出ることで有名です。水のおいしいところはお酒もおいしいといわれ、日本酒の生産量でも日本一です。

野菜の生産もさかんです。おもにタマネギやレタスがつくられています。神戸市には全国展開するお菓子屋さんの本店も数多くあります。

ちゅうもく 野球ファンが集まる甲子園球場

近畿地方の人にファンの多い阪神タイガースですが、本拠地の甲子園球場は兵庫県にあります。

高校野球の夏の全国大会が開かれるのも兵庫県なのです。

夏の高校野球が盛り上がるね

学校では教えてくれないマメ知識

宝塚市にある宝塚歌劇団は、女性だけで歌とお芝居を見せる劇団です。100年以上の歴史をもち、花組・月組・雪組・星組・宙組に分かれています。劇団員は、阪急電鉄の正社員あつかいになっています。

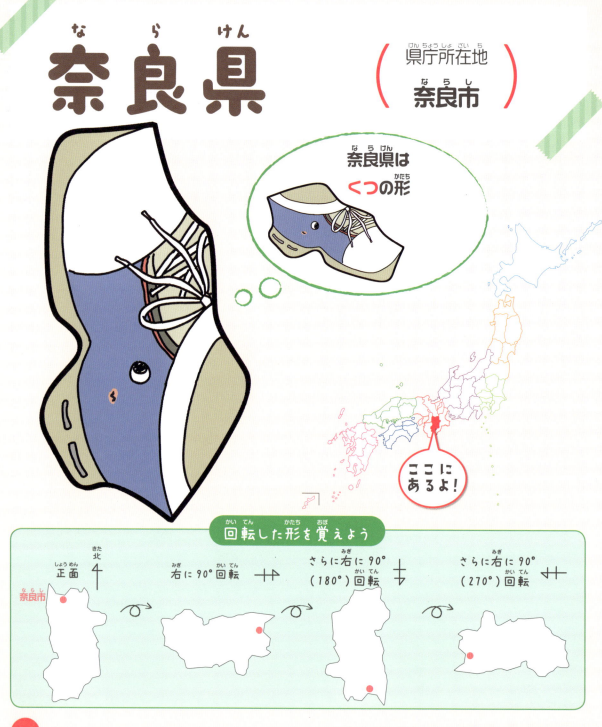

日本最古の歴史をもつ都

710年に平城京がつくられ、仏教を基本にした国づくりが行われていた時代を奈良時代といいます。飛鳥・奈良時代の日本の中心でした。

==聖徳太子が建てた法隆寺は、世界でもっとも古い木造の建物です。==

東大寺の大仏は、高さ約15m、重さ約250tで、国内最大の大仏です。

3つもある世界遺産

紀伊半島の内陸にあり、海がありません。奈良盆地に人口が集中しています。

古都奈良の文化財（奈良公園・斑鳩）、法隆寺、熊野古道（奈良県、三重県、和歌山県にまたがる）と、3つも世界遺産があります。

奈良公園にはシカがいるよ

書道と茶道の必需品の産地

おみやげとして人気なのが書道に欠かせない奈良筆です。日本の墨のほとんどは奈良県産。お茶をたてるのに必要な茶せんも、奈良が有名です。

==材料となる木や竹が多いことから、林業がさかんです。==吉野杉は、国産の木材の中でも最高級品で、家具などに使われます。

シカは神様の使い

奈良公園にはシカが放し飼いにされています。

なぜシカが多いのかというと、シカは神様の使いとして大切にされているから。春日大社の神様が、白いシカに乗ってやってきたという伝説があるのです。

▲奈良公園のシカ

学校では教えてくれないマメ知識

歴史の古い奈良県では、家を建てようと思って地面をほったら遺跡が出てきたという話がよくあります。大型の古墳も多いため、古都があったことがよくわかります。

和歌山県 （県庁所在地 和歌山市）

和歌山県は **おばあさん** の形

ここにあるよ！

回転した形を覚えよう

正面 北↑ → 右に90°回転 → さらに右に90°（180°）回転 → さらに右に90°（270°）回転

れきし　真言宗を開いた空海

　平安時代、弘法大師として知られる空海が真言宗を開きました。そして、高野山に金剛峯寺を建てています。

　なんと、高野山の山はすべて、金剛峯寺の敷地となっています。

▲金剛峯寺と空海

かんきょう　紀伊半島から開かれた広い海

　海岸は瀬戸内海と太平洋に面しており、温暖な気候です。南紀白浜が観光地として有名です。

　世界遺産に選ばれている熊野参詣道は、和歌山県、奈良県、三重県の3県にまたがっています。

　最終目的地となるのが和歌山県の熊野三山です。

さんぎょう　気候を利用した果樹の生産

　温暖な気候を利用して、おもに果樹の生産がさかんです。中でもミカンの生産量は日本一。夏ミカンやネーブルオレンジなど、かんきつ系の果物はほとんどつくっています。カキやウメの生産量でもトップです。

　花ではスターチス、香辛料のサンショウの生産量も多く、香り豊かな県です。

ちゅうもく　西洋風の石畳が残る無人島

　紀淡海峡に浮かぶ友ヶ島には、明治時代につくられた要塞が残されています。

　石畳やレンガ造りの砲台は、戦争が終わった後そのまま放置されており、現在は観光地として人気です。

船かヘリコプターで行けるよ

近畿地方

学校では教えてくれないマメ知識

8代将軍徳川吉宗は和歌山県出身です。時代劇「暴れん坊将軍」のモデルとなった人物です。当時の男性の平均身長が155cmほどといわれていますが、吉宗は、なんと185cmほどあったそうです。

鳥取県（とっとりけん）

県庁所在地（けんちょうしょざいち）
鳥取市（とっとりし）

鳥取県は腹筋している人の形

ここにあるよ！

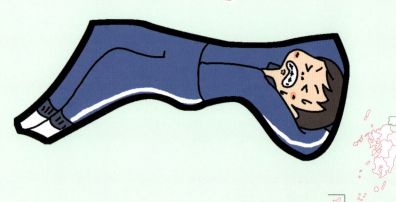

回転した形を覚えよう

| 正面（北） | 右に90°回転 | さらに右に90°（180°）回転 | さらに右に90°（270°）回転 |

れきし 神話の舞台

　東の地域は、因幡とよばれていました。日本最古の歴史書『古事記』に「稲葉（因幡）の白兎」という神話があります。
　傷ついて浜辺で苦しんでいたウサギを、オオクニヌシという神様が助け、ウサギがそのお礼に、オオクニヌシの未来を予言したというのです。この舞台となったのが白兎海岸だといわれています。

かんきょう 農作物が育つ鳥取砂丘

　鳥取砂丘では、スプリンクラーで水をまくことで、スイカやナガイモなどを栽培しています。
　日本海に面しているため、雪がたくさん降り、降雪量は西日本一。鳥取平野では雪解け水を利用してお米をつくります。

▲日本一の砂丘とよばれる鳥取砂丘

さんぎょう 農業ではナシ漁業ではカニ

　境港は、日本海側でもっとも漁獲量の多い港です。とくにカニがとれ、ベニズワイガニや、松葉ガニなどが名産です。クロマグロの漁獲量でも国内２位です。
　農業では、「二十世紀梨」の生産量が日本一。病気にかかりやすいため育てるのが難しい品種ですが、鳥取県は栽培に成功しました。

ちゅうもく 日本一人口が少ない

　鳥取県の人口は約59万人で、東京都の八王子市と同じくらい。日本一人口の少ない県です。
　人口に対して施設数は多く、ひとりあたりの体育館や図書館の面積が日本一。広々と施設を使えます。

市の数ももっとも少ないよ

学校では教えてくれないマメ知識

　鳥取県民はカレーが大好き。カレールウの消費量と購入金額との平均値で日本一になっています。ちなみに鳥取県は、カレーによくあう、ラッキョウの生産量でも日本一です。

中国地方

島根県 （県庁所在地 松江市）

島根県は うで立てしている人の形

ここにあるよ！

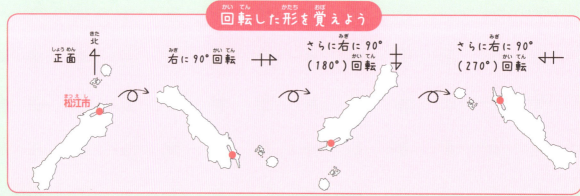

回転した形を覚えよう

正面 北／右に90°回転／さらに右に90°（180°）回転／さらに右に90°（270°）回転

多数発見された銅剣・銅鐸

1984年、荒神谷遺跡で弥生時代に朝鮮半島から伝えられたとされる、400本近い銅剣が発見されています。1996年には加茂岩倉遺跡から40個以上の銅鐸が発見されました。

隠岐諸島の中の島後とよばれる3つの島は流刑地とされていた過去があり、後鳥羽上皇などが流されました。

竹島もある隠岐諸島

東の出雲地方、西の石見地方、海にうかぶ隠岐諸島の3地域に分けられます。

出雲市と松江市の境にある宍道湖は、川の水と、海水が混ざった汽水湖です。

石見地方には、世界遺産の石見銀山跡があります。

隠岐諸島には、竹島など約180もの島がありますが、人が住む島は5つだけです。

アゴとよばれる県の魚トビウオ

漁業がさかんで、ブリの漁獲量が日本一です。県の魚でもあるトビウオは「アゴ」とよばれ、お刺身やお吸い物のダシなどに使われます。

宍道湖はシジミがたくさんとれることで有名です。

トビウオ漁は6月が最盛期よ

縁結びの神様がまつられている

出雲大社は七福神の大黒様としても知られるオオクニヌシをまつっています。

美しい女神を何人も妻に迎えたことから、縁結びの神様として人気です。

▲出雲市にある出雲大社

中国地方

学校では教えてくれないマメ知識

日本の暦では10月のことを「神無月」といいます。日本中の神様が出雲の神社に集まるため、地方に神様がいなくなってしまうというのです。逆に出雲地方では、10月を「神在月」といいます。

岡山県(おかやまけん)

県庁所在地(けんちょうしょざいち)
(岡山市(おかやまし))

岡山県(おかやまけん)は
オニの形(かたち)

ここにあるよ！

回転(かいてん)した形(かたち)を覚(おぼ)えよう

正面(しょうめん) 北(きた)　→　右(みぎ)に90°回転(かいてん)　→　さらに右(みぎ)に90°(180°)回転(かいてん)　→　さらに右(みぎ)に90°(270°)回転(かいてん)

岡山市(おかやまし)

古代から栄えていた岡山県

古くから人が住み、栄えていた地域といわれています。

岡山県には、岡山市の造山古墳や総社市の作山古墳などの古墳がたくさん残されています。

備前・備中・備後の3国に分かれていましたが、明治時代に入って岡山県となりました。

降水量が少なく天気がよい

北に中国山地、南は瀬戸内海に面しています。雨がほとんど降らないため、「晴れの国」とよばれます。

日本三名園のひとつ後楽園や、江戸時代の家々がそのまま残る倉敷市の街並などが有名です。

晴れの国なら洗濯物もすぐかわくね

80％の学生服がつくられる

温暖な気候を利用して果樹園がつくられ、モモやブドウの生産がさかんです。

中高生が着る学生服のうち80％は岡山県でつくられています。

▲岡山県で多くつくられる学生服

オニ退治した神様

『桃太郎』のお話のモデルになった場所といわれているのが岡山県です。オニを退治したというキビツヒコという神が、吉備津神社にまつられています。

特産品のきびだんごは、穀物のキビでつくった、だんごのこと。岡山県では漢字で「吉備団子」と書き、江戸時代からつくられています。

中国地方

学校では教えてくれないマメ知識

目の不自由な人が安全に歩けるように、道に置かれる点字ブロック。今では駅や歩道などにかならずありますが、世界ではじめて置かれたのが、岡山県にあった盲学校近くの国道でした。

広島県 （県庁所在地 広島市）

広島県は羊の形

ここにあるよ！

回転した形を覚えよう

正面 北 / 広島市　　右に90°回転　　さらに右に90°（180°）回転　　さらに右に90°（270°）回転

世界遺産の原爆ドーム 〔れきし〕

厳島神社は、島全体が神社の敷地です。平安時代に平清盛が神殿と海に浮かぶように見える鳥居を建て、現在は世界遺産になっています。

1945年、世界ではじめて原子爆弾が広島市に落とされました。爆風で骨組みだけが残された原爆ドームは、広島平和記念碑として世界遺産となりました。

山から海までが階段のよう 〔かんきょう〕

北に中国山地、南に瀬戸内海があり、山から海までが階段のような地形になっています。

山側は雪が降りますが、海側は温暖。厳島神社のある宮島は、日本三景のひとつに数えられます。

宮島のことを厳島ともいうよ

瀬戸内工業地帯の中心 〔さんぎょう〕

船舶や自動車などの工業が発達している呉市は、瀬戸内工業地帯の中心です。

農業ではレモンが多くつくられます。

瀬戸内海の海の幸も豊富。とくにカキの養殖がさかんで、国内の50％以上を生産しています。

尾道市は坂の町として有名で、観光客が多く訪れています。

お好み焼きともみじまんじゅう 〔ちゅうもく〕

広島県のお好み焼き（広島風お好み焼き）は、キャベツがたっぷり入っているのが特徴です。

広島県の県木・県花である「もみじ」をかたどった、もみじまんじゅうも人気です。

▲おみやげに人気のもみじまんじゅう

中国地方

学校では教えてくれないマメ知識

日本のプロ野球チームで、唯一企業ではなく市民が母体となっているのが広島東洋カープです。県民からの支持が厚く、カープを応援する女性はカープ女子ともいわれています。

山口県（やまぐちけん）

県庁所在地（けんちょうしょざいち）
山口市（やまぐちし）

回転した形を覚えよう

明治維新の活躍者が育った

平氏がほろんだ舞台となったのが、現在の下関市です。

武士であった吉田松陰がつくった「松下村塾」では、初代総理大臣の伊藤博文などを輩出しています。

松下村塾は世界遺産だよ

海に囲まれた本州最南端の県

西に関門海峡があります。南が瀬戸内海、北が日本海に面し、東側には中国山地が横断しています。

山側の美祢市には、さんご礁が積み重なってできた日本最大のカルスト台地「秋吉台」が広がっています。

▲秋吉台の地下にある秋芳洞

フグ料理ならおまかせ

海に囲まれているので海の幸が豊富で、とくにフグの養殖は日本一です。

全国の神社のおみくじの7割は山口県でつくられています。

岩国市には、日本ではじめて操業をはじめた石油化学コンビナートがあります。

秋吉台でとれる石灰石は、セメントや鉄鋼の原料として使用されています。

日本最多の天然記念物

秋吉台や秋芳洞など、山口県には天然記念物が49もあり、日本最多です。

日本一大きなアーチ橋の「錦帯橋」は木造で、日本三名橋や日本三大奇橋に選ばれています。

角島大橋から渡る国定公園の角島は、白い砂浜とエメラルドグリーンの海が魅力。よく映画の撮影が行われます。

中国地方

学校では教えてくれないマメ知識

長州藩が明治維新の中心勢力だったことから、明治時代、数多くの政治に関わる人が輩出されています。それ以降、初代総理大臣の伊藤博文から安倍晋三まで、歴代最多9人もの総理大臣が生まれています。

徳島県（とくしまけん）

県庁所在地（けんちょうしょざいち）
徳島市（とくしまし）

徳島県は **アルパカの形**（かたち）

ここにあるよ！

回転した形を覚えよう

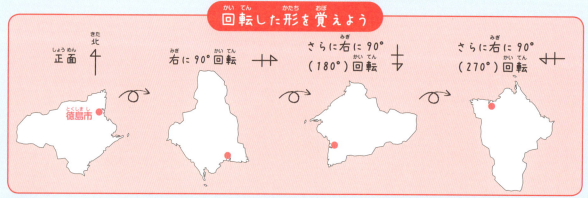

正面 北　　右に90°回転　　さらに右に90°（180°）回転　　さらに右に90°（270°）回転

徳島市

公園となった徳島城の跡地

粟の生産地だったため、昔は阿波国とよばれていたそうです。

江戸時代に徳島藩となり、蜂須賀氏により徳島城が築かれます。明治時代に城が取りこわされ、戦時中の徳島大空襲によってほとんどの建物は焼失しました。

現在は徳島中央公園として残り、城の南東にあった鷲の門が復元されています。

ぐるぐる回る鳴門のうず潮

四国の東で、兵庫県の淡路島との間にある鳴門海峡は、潮の流れがぶつかりあってできる「うず潮」で有名です。

山から流れている吉野川には、大歩危・小歩危といううめずらしい名前の渓谷があります。

▲鳴門海峡のうず潮

つくった果物はかんづめにして出荷

気候が温暖なため果物の栽培がさかんで、スダチの生産量は日本一です。つくった果物はかんづめにすることが多く、果実のかんづめの出荷額でも日本一となっています。

携帯電話やパソコンに使われるLEDライトをつくる会社が多く、その生産量は世界一です。

最大の名物阿波おどり

藍を染料として用いる染物、「藍染め」などの文化の残る徳島県ですが、最大の名物といえば阿波おどりです。

8月の開催時期には100万人以上の人が訪れます。

約400年の歴史があるよ

学校では教えてくれないマメ知識

徳島県にはJR四国による路線がありますが、じつは電車は1台も走っていません。徳島県の線路を走るのはすべてディーゼル気動車なので、電車ではなく列車とよんでいるのです。

香川県 （県庁所在地 高松市）

香川県は**イノシシ**の形

ここにあるよ！

回転した形を覚えよう

正面（北） / 右に90°回転 / さらに右に90°（180°）回転 / さらに右に90°（270°）回転

高松市

流行した こんぴら参り

　もとは讃岐国とよばれていました。琴平町にある金刀比羅宮は、海上交通の守り神であるオオモノヌシをまつる神社。漁師や船員がよく参拝しており、「こんぴらさん」とよばれて親しまれています。

　丸亀市の丸亀城は、日本でも数少ない、江戸時代に建てられた天守閣がそのまま残る城です。

日本一面積の 小さな県

　香川県は日本一面積の小さな県です。四国地方の北東に位置し、北に瀬戸内海、南には讃岐山脈、その間に讃岐平野が広がっています。

　瀬戸内海には小豆島などの島々があり、岡山県とは瀬戸大橋で結ばれています。降水量が少なく川がほとんどないため、ため池があちこちにあります。

オリーブオイルと ブランド小麦

　温暖で雨が少ない小豆島は、オリーブの産地です。オリーブのふるさと、地中海と気候が似ているためです。

　品種改良した、「さぬきの夢2000」という小麦の品種をつくっています。

▲香川県で生産される小麦とオリーブ

よく食べられる うどん

　香川県の名物といえば讃岐うどんです。

　一世帯あたりのうどん・そばの消費量は年間1万2570円で、なんと全国平均の2倍以上も食べています。観光客も、うどん目当てで香川県を訪れるそうです。

うどん大好きな県だね

学校では教えてくれないマメ知識

　桃太郎といえば岡山県が有名ですが、高松市にふくまれる女木島は、鬼ヶ島のモデルだといわれています。島にはオニのお面などがかざられ、大洞窟はオニの住みかのようになっています。

愛媛県

（県庁所在地 松山市）

愛媛県は力士の形

ここにあるよ！

回転した形を覚えよう

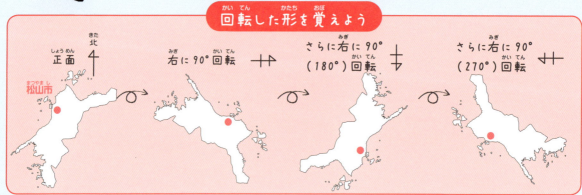

正面（北） 松山市 ／ 右に90°回転 ／ さらに右に90°（180°）回転 ／ さらに右に90°（270°）回転

貴重な城がふたつもある県

　江戸時代の愛媛県は、8つの藩に分かれていました。
　その中の、伊予松山藩の松山城と、宇和島藩の宇和島城は、「現存十二天守」に数えられる貴重な城です。

▲天守が残っている貴重な宇和島城

本州と四国間を自転車でわたれる

　四国地方の北西に位置します。北が瀬戸内海、西が豊後水道の宇和海、南が四国山地です。
　瀬戸内海をはさんだ広島県とは、多々羅大橋で結ばれています。この橋は本州と四国の間を自転車でわたれる唯一の橋です。

> 自転車で通るとき通行料が必要だよ

栽培がさかんなイヨカン

　瀬戸内海に面しているため漁業がさかんで、とくに養殖が行われています。タイの養殖は日本一です。
　陸地では、ミカンをはじめとするかんきつ類の栽培がさかんで、イヨカンの生産はどこにも負けません。
　今治市は100年以上の歴史をもった日本最大のタオルの産地です。

松山で先生をしていた夏目漱石

　道後温泉は、奈良時代の歴史書『日本書紀』にも名前があり、日本最古の温泉といわれています。夏目漱石の小説『坊っちゃん』の舞台でもあります。
　松山市は明治時代の歌人として有名な正岡子規の出身地です。正岡子規と夏目漱石は親友でした。漱石が松山市で教師となったのも、子規がいたからです。

学校では教えてくれないマメ知識

ポンジュースをつくっている、えひめ飲料は、松山空港の2階出発ロビーに、ポンジュースが出てくる蛇口を設置しています。毎月第3日曜日には、誰でも飲むことができます。

高知県

（県庁所在地 高知市）

高知県は **リス**の形

ここにあるよ！

回転した形を覚えよう

正面（北） → 右に90°回転 → さらに右に90°（180°）回転 → さらに右に90°（270°）回転

幕末の人気志士 坂本龍馬の出身地
れきし

幕末の土佐藩で、身分の低い武士だった坂本龍馬は、「海援隊」という貿易会社をつくります。

世界と取引するために、仲の悪かった薩摩藩と長州藩を仲直りさせたり、新しい国のつくりかたをまとめた「船中八策」を考えたりしました。高知県では英雄として、桂浜に銅像が建てられています。

日本の清流 四万十川
かんきょう

高知県は四国地方最大の面積です。南は太平洋、北は四国山地で、山がちなため森林が84％をしめています。

四万十川は、四国地方で最長の川。日本の清流とよばれ、水がきれいです。

▲四万十川ではアユ漁がさかん

ビニールハウスで野菜を育てる
さんぎょう

四万十川ではアユやウナギ、テナガエビなどがとれます。海ではカツオの一本釣りが有名です。

夏に最高気温41℃を記録したことがあるほど温暖なので、稲が8月くらいに収穫できる「早場米」の産地です。

ビニールハウスの中で野菜を育て、ナスやショウガの生産量は日本一です。

夏に行われるよさこい
ちゅうもく

毎年8月に高知市で開催される「よさこい祭り」は、1954年にはじまりました。

カスタネットのような「鳴子」という楽器を鳴らしながらパレードします。

前夜祭、後夜祭もあるよ

四国地方

学校では教えてくれないマメ知識

「アンパンマン」のやなせたかしなど、まんが家には高知県出身者が多く、まんが文化が根強いです。

毎年8月には、高校生のまんが日本一を決める「まんが甲子園」が開かれています。

福岡県

（県庁所在地 福岡市）

大陸からの玄関と守りの拠点

志賀島から、57年に当時の中国の皇帝から受け取ったとされる「漢委奴国王」と記された金印が発見されています。
奈良時代には九州地方の防衛と行政を担当する大宰府が置かれました。菅原道真は大宰府の長官として赴任し、この地で亡くなったことから、学問の神様として太宰府天満宮にまつられています。

古くからの港町

九州ではもっとも人口の多い県です。
古くから、現在の博多港などの港があり、中国や朝鮮半島と交易していました。
博多は現在の福岡市の一部ですが、福岡市全体を指して博多とよぶ人もいます。

「博多市」はないんだよ

九州一の商業都市 漁業と工業も充実

遠洋漁業や、近くの有明海や筑前海などでの漁業がさかんです。農業では「とよのか」や「あまおう」などのイチゴのブランドで有名です。
工業では鉄鋼業がメインで、北九州工業地帯の中心になっています。鉄道や電力会社、自動車会社など、九州を代表する企業の多くが本拠地としています。

全国的に人気の博多ラーメン

とんこつ味の「博多ラーメン」や、ごはんによく合う「からし明太子」は全国的に人気の食べ物です。
食べ物以外では、博多人形をおみやげとして海外の人も買っていきます。

▲ 400年の歴史をもつ博多人形

学校では教えてくれないマメ知識

人でにぎわう繁華街の福岡市内でもっとも活用されている交通手段がバスとタクシーです。人口と面積で比較すると、福岡県のバスとタクシーの台数は日本一になります。

佐賀県 （県庁所在地 佐賀市）

佐賀県は**ピエロの形**

ここにあるよ！

回転した形を覚えよう

弥生時代の遺跡が残る

佐賀県には、多くの遺跡があり、旧石器時代から人が住んでいたとされています。

中でも吉野ヶ里遺跡が有名。弥生時代の大規模な環濠集落の跡地が残っています。

国の特別史跡に指定されているよ

干潟に住むめずらしい生き物

北は中国大陸や朝鮮半島へと続く玄界灘、南は有明海に面しています。

有明海の干潟は日本最大の広さをほこり、ムツゴロウやシオマネキなどのめずらしい生き物が生息しています。

▲ムツゴロウ（上）とシオマネキ（下）

2種類の作物を栽培する二毛作

二毛作といって、1年の間に、同じ耕地で2種類の作物を栽培しています。ひとつの畑で1年の間に2回収穫ができるということです。そのため、穀物を多く育てています。

ビールや焼酎の原材料になる二条大麦の作付面積が全国1位です。

有明海ではノリの養殖がさかんです。

伝統のある人気の焼き物

焼き物が有名です。中国や朝鮮などの技術を取り入れた、有田焼（磁器）が古くから人気の伝統工芸品です。積み出しが伊万里港から行われていたため、伊万里焼とよばれることもあります。

ゴールデンウィークには、有田陶器市が開催され、有田駅前から続く通りがすべて陶磁器のお店になります。

学校では教えてくれないマメ知識

伊万里市の松浦一酒造には、なんとカッパのミイラが置かれています。お酒づくりにはきれいな水が必要なため、川の神様であるカッパが守り神として置かれていたということです。

九州・沖縄地方

長崎県 （県庁所在地 長崎市）

長崎県は **ザリガニ**の形

ここにあるよ！

回転した形を覚えよう

正面 北↑ → 右に90°回転 → さらに右に90°（180°）回転 → さらに右に90°（270°）回転

長崎市

オランダと交易していた出島

長崎県は西洋文化の窓口でした。江戸時代には、出島という島でのみオランダとの交易が許され、西洋の学問である蘭学を学ぶ人が多数訪れたのです。

第二次世界大戦では、広島県に続いて原爆が落とされました。爆心地は、その後平和公園となり、天を指差す平和祈念像が置かれています。

島だらけの県

対馬や壱岐、五島列島など、面積1000 m² 以上の島が594、小さな島もふくめると1000近い島があります。

島原半島の雲仙普賢岳は、1990〜1991年に噴火して、大きな被害を出しました。

港の数でも日本一だよ

海外から来た独特の食べもの

昔は炭鉱業がさかんでしたが、おもな産業は観光や貿易などの商業です。

中華や西洋料理をベースにした「長崎ちゃんぽん」や「皿うどん」、「カステラ」などが有名です。

畑が少ないものの、果物のビワの生産量では日本一をほこります。漁業では、アジの漁獲量が日本一です。

オランダの街並みを再現

佐世保市にあるハウステンボスは、オランダの街並みを再現したテーマパークで、国内最大の面積です。

長崎市にある石造りアーチ橋の眼鏡橋は、国の重要文化財となっています。

▲水面に反射してめがねに見える

学校では教えてくれないマメ知識

標高333 mの稲佐山からは長崎市が一望できます。とくに夜景がきれいで「1000万ドルの夜景」といわれ、モナコ、香港と並ぶ世界新三大夜景にも選ばれています。

熊本県（くまもとけん）

（県庁所在地 **熊本市**）

熊本県は **クマ** の形

ここにあるよ！

回転した形を覚えよう

正面 北 ／ 右に90°回転 ／ さらに右に90°（180°）回転 ／ さらに右に90°（270°）回転

熊本市

今も愛される加藤清正

もともと「隈本」と書かれていましたが、豊臣秀吉の部下の武将、加藤清正が領地とした後、強そうな「熊本」に漢字を変えました。

清正は熊本城を建設。治水に力を入れたことから、県民から人気があります。

熊本城は2016年に起こった大地震で大きな被害を受け、現在復興中です。

よく噴火する阿蘇山

熊本県は、九州のほぼ中央に位置しています。

県の中央あたりには、阿蘇山があります。「カルデラ」といって、凹形をしているのが特徴。現在もたびたび噴火しています。

▲阿蘇山の火口

火山灰の土を活かした農業

八代平野では、たたみの材料となるイグサが栽培されています。なんと、全国の98％が熊本県で収穫されているのです。葉たばこの生産量も高いです。

火山灰が蓄積してできた、シラス台地という水はけのよい土地でも、スイカは育ちやすいため、スイカの生産量で日本一になっています。

おもしろい名前の名物料理

レンコンの穴に辛子をつめて油であげた辛子レンコンは、熊本名物です。

小ネギの一種の一文字を使った「一文字グルグル」や、サツマイモとあんを生地で包んだ「いきなり団子」など、おもしろい名前の料理もあります。

おみやげにオススメ

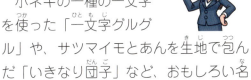

学校では教えてくれないマメ知識

熊本県の人気キャラクターといえばくまモンです。全国をめぐり熊本県をPRしています。たくさんのグッズが売られていますが、くまモングッズの第1号はなんと仏壇でした。

大分県 （県庁所在地 大分市）

大分県は **リーゼント頭**の形

ここにあるよ！

回転した形を覚えよう

正面 北 ／ 右に90°回転 ／ さらに右に90°（180°）回転 ／ さらに右に90°（270°）回転

大分市

国内唯一の国宝がある

岩にほられた仏像である臼杵磨崖仏は、磨崖仏の中で唯一国宝となっています。

江戸時代には8つの藩に分かれ、中津藩からは『学問のすゝめ』を書いた福沢諭吉が出ています。

岩にほられた仏像を磨崖仏と言うよ

海もあるけど結構な山国

九州地方の北東に位置し、東は瀬戸内海や豊後水道に面し、西は九重連山、南は祖母山や傾山がそびえています。

大分市の高崎山自然動物園では、野生のニホンザルを見ることができます。

東はリアス式海岸ですが、別府港や中津港などがあり、四国地方や本州とはフェリーで行き来できます。

佐賀関でとれる関サバ・関アジ

大分市の佐賀関でとれる関サバと関アジがおいしいと評判です。農業ではカボスの生産量で日本一をほこります。

地面の熱で電気をつくる、国内でもっとも大きな地熱発電所があります。

▲生産量日本一のカボス

世界的人気の大分県の温泉

日本でもっとも温泉の数が多いのが大分県です。別府湾に面した別府温泉、由布院にある由布院温泉など、日本だけでなく海外からも温泉客が訪れます。

食べ物では「とり天」が有名。とり肉をひと口大にカットしてあげた天ぷらです。大分県は、とり肉の消費量が全国1位でもあります。

学校では教えてくれないマメ知識

日田市の中津江村は、2002年日韓ワールドカップでカメルーン代表のキャンプ地に選ばれました。「いちばん小さな自治体のキャンプ地」として有名になりました。

宮崎県

県庁所在地
（ 宮崎市 ）

宮崎県は **ダンサー**の形

ここにあるよ！

回転した形を覚えよう

正面／北　　右に90°回転　　さらに右に90°（180°）回転　　さらに右に90°（270°）回転

宮崎市

神様が降りてきた高千穂峰

昔は、日向国とよばれていました。

日本神話では、高千穂峰は、ニニギという神様がはじめて地上に立った場所とされます。

陸地は海をかき混ぜてつくられたと伝えられており、高千穂峰の山頂には、海をかき混ぜるときに使ったとされる「天の逆鉾」がささっています。

太平洋に面した「太陽と緑の国」

宮崎平野が県の中心にあります。温暖な気候のため「太陽と緑の国」とよばれています。

==「高千穂郷・椎葉山地域」が世界農業遺産に認定されており、高千穂峡などが有名です。==

▲高千穂峡の真名井の滝

暖かい冬が農業の最盛期

台風の被害をさけるために、稲は夏までに収穫します。

==キュウリやピーマンの生産がさかんです。== 本来、夏に収穫する野菜ですが、気候が暖かいことから、本州ではできない冬に収穫するのが特徴です。

果物ではマンゴーや夏ミカンの「日向夏」などが有名です。

毎年行われるプロ野球キャンプ

日本のプロ野球チーム12球団中5球団が、シーズン前の春季キャンプを宮崎県で行います。

Ｊリーグでも12クラブがキャンプ地に選び、海外クラブも訪れるほどです。

温暖な気候が好まれているよ

学校では教えてくれないマメ知識

宮崎県諸塚村には、成人式発祥の地という石碑があります。男子20歳、女子18歳を対象に数日間かけて成人講座を行い、最終日を「成人祭」として証書を授与したのがはじまりといわれています。

鹿児島県 （県庁所在地 鹿児島市）

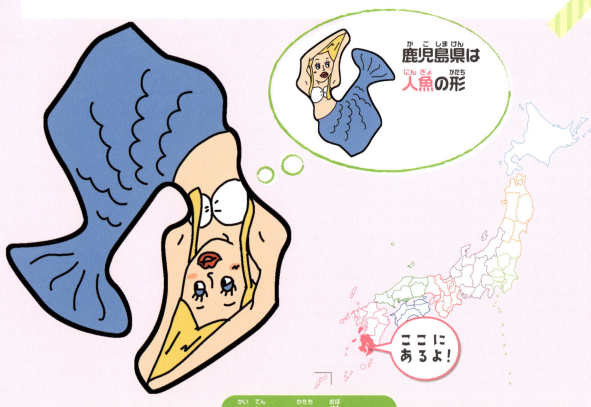

鹿児島県は人魚の形

ここにあるよ！

回転した形を覚えよう

正面 北 ／ 右に90°回転 ／ さらに右に90°（180°）回転 ／ さらに右に90°（270°）回転

鹿児島市

鉄砲が伝来した種子島

1543年、種子島にポルトガル人の乗った船が漂着しました。

島の領主はポルトガル人の持っていた鉄砲を大金で買い取り、鍛冶屋に同じ物をつくらせました。鉄砲の伝来は、日本の戦争を大きく変えました。

幕末になると、西郷隆盛や大久保利通らが活躍しました。

火山活動中の桜島

九州地方の南部で、西の薩摩半島、東の大隅半島、その間の鹿児島湾に現在も火山活動中の桜島があります。

==さらに南にある屋久島、種子島、奄美大島など、約600の島も鹿児島県です。==

世界遺産に選ばれている屋久島には、樹齢1000年にもなる屋久杉をはじめ、めずらしい動物や植物が多く生息します。

黒豚や焼酎を生むサツマイモ

==サツマイモの生産量と、黒豚の頭数が日本一です。== サツマイモからつくられるイモ焼酎、サツマイモを食べて育つ黒豚がおいしくて人気です。

茶の生産もさかんで、全国2位の出荷量です。

▲サツマイモと黒豚

日本のロケットは種子島から飛ぶ

種子島宇宙センターは、日本最大のロケット打ち上げ基地で、海岸線に面した場所にあります。

3つの発射台があり、HⅡロケットなどを打ち上げ、人工衛星を宇宙に運んでいます。

打ち上げは天候に左右されるよ

学校では教えてくれないマメ知識

日本でもっとも火山灰に悩まされているのが鹿児島県の人々です。天気予報ではつねに桜島の風向きを予報しています。火山灰専用のゴミ袋が用意されているほどです。

九州・沖縄地方

沖縄県（おきなわけん）

県庁所在地（けんちょうしょざいち）
那覇市（なはし）

沖縄県は **あひるの形**

ここにあるよ！

回転した形を覚えよう

正面（北） → 右に90°回転 → さらに右に90°（180°）回転 → さらに右に90°（270°）回転

那覇市

日本や中国と貿易した琉球王国

昔の沖縄県は、琉球王国という国で、首里城を中心に、交易で栄えました。おもな交易相手は日本と中国です。

江戸時代に薩摩藩の支配を受け、明治時代に正式に日本の領地になりました。第二次世界大戦後にアメリカによって占領されましたが、1972年に返還されました。

160島を合わせた沖縄県

沖縄本島を中心に、日本最西端の与那国島や尖閣諸島まで、東西約1000km、南北約400kmにわたります。

沖縄県には多数の島がありますが、その数は全部で160島あります。

島だらけの県だよ

燃料にもなるサトウキビ

砂糖やバイオ燃料の原料となるサトウキビの栽培がさかんです。畑の約半分がサトウキビ畑です。

パイナップルやシークヮーサーといった、フルーツの生産もさかんです。

▲サトウキビ畑

苦いゴーヤーなど沖縄独特の食文化

中国や東南アジア、朝鮮やアメリカなどの影響を受けた沖縄料理は、本州などにはない特徴があります。

苦瓜ともよばれるゴーヤーと沖縄豆腐を一緒に炒めた「ゴーヤーチャンプルー」が有名です。豚肉をよく食べ、角煮（ラフテー）にするほか、耳を料理したミミガーや豚足なども有名です。

学校では教えてくれないマメ知識

沖縄県の人の名字は本州にはめずらしいものが多くあります。なぜかというと、沖縄の言葉に漢字をあてているからです。「アラカチ」は「新垣」になるなど、日本風の漢字の読み方に変わりました。

日本のおもな山地・山脈・海流

山が多く、海に囲まれている日本。重要な山地・山脈・海流を覚えましょう。

日本のおもな川・平野

日本の川は、短くて流れが速いのが特徴。重要な川・平野を覚えましょう。

リマン海流や親潮は北の冷たい水を、対馬海流や黒潮が南の暖かい水を運んできます。山脈の中では、飛騨山脈、木曽山脈、赤石山脈の3つが、日本アルプスとよばれます。

盆地や平野は人が住みやすい地形。山に囲まれた低い平地が盆地です。平野は川が運んできた土砂でつくられます。信濃川の下流に越後平野、利根川の近くに関東平野があります。

日本のおもな工業地帯・工業地域

日本の工業を支えるおもな場所を覚えましょう。

県をまたいで多くの工場が集中している工業地帯。港から輸出しやすいために、海辺に多く、関東の京浜、中部の中京、関西の阪神の3つが、3大工業地帯とよばれます。

日本の端にある島の名称・位置

日本にはたくさんの島があります。重要な島の名称や位置を覚えましょう。

日本は島国です。なんと6852もの島があります。もっとも大きな島は本州、一番小さな島は日本最南端の沖ノ鳥島。人が住んでいないような小さな島も、日本の領土です。

●編集・構成

造事務所（ぞうじむしょ）

1985年設立の企画・編集会社。編著となる単行本は年間30数冊。編集制作物に、『クレヨンしんちゃんのまんが都道府県おもしろブック』（双葉社）『小学生ことばパズル クロスワード 都道府県』（学研プラス）『自由研究 中学生の理科 New ベーシック』『自由研究 中学生の理科 New チャレンジ』（いずれも永岡書店）『日本全国 地名のひみつ』（PHP研究所）などがある。

文／菊池昌彦
イラスト／K-SuKe、深蔵
デザイン／クラップス（入江朱珠琳）

都道府県のかたちを絵でおぼえる本

2016年10月20日　初版第1刷発行
2020年11月10日　初版第5刷発行

編　者　造事務所
発行者　小山隆之
発行所　株式会社 実務教育出版
　　　　163-8671　東京都新宿区新宿1-1-12
　　　　電話　03-3355-1812（編集）　03-3355-1951（販売）
　　　　振替　00160-0-78270

印刷／文化カラー印刷　製本／東京美術紙工

Ⓒ ZOU JIMUSHO 2016　Printed in Japan
ISBN978-4-7889-1037-9 C0037
本書の無断転載・無断複製（コピー）を禁じます。
乱丁・落丁本は本社にておとりかえいたします。